办文有

技法

7步写出好材料

杨 冰◎编

图文版

红旗出版社

图书在版编目（CIP）数据

办文有技法 / 杨冰编. ——北京: 红旗出版社, 2020.3

（机关有机关丛书）

ISBN 978-7-5051-5125-3

Ⅰ. ①办… Ⅱ. ①杨… Ⅲ. ①公文－写作 Ⅳ. ①H152.3

中国版本图书馆CIP数据核字 (2020) 第008425号

书　　名	办文有技法		
编　　者	杨　冰		
出 品 人	唐中祥	总 监 制	褚定华
责任编辑	朱小玲	封面设计	张合涛
出版发行	红旗出版社	地　　址	北京市沙滩北街2号
邮政编码	100727	编 辑 部	010-57274497
发 行 部	010-57270296		
印　　刷	北京温林源印刷有限公司		
成品尺寸	690 毫米 ×980 毫米　1/16		
字　　数	220 千字	印　　张	15.5
版　　次	2020 年 5 月第一版	印　　次	2020 年 5 月第一次印刷
ISBN	978-7-5051-5125-3	定　　价	48.00 元

欢迎品牌畅销图书项目合作　联系电话：010-57270270

凡购本书，如有缺页、倒页、脱页，本社发行部负责调换

目录

MULU

第1步

定"调子"

第2步

理"路子"

第3步

搭"架子"

第4步

填"肚子"

第5步

梳"辫子"

第6步

戴"帽子"

第7步

过"稿子"

附录

常见大型公文材料的写作技法

定"调子"

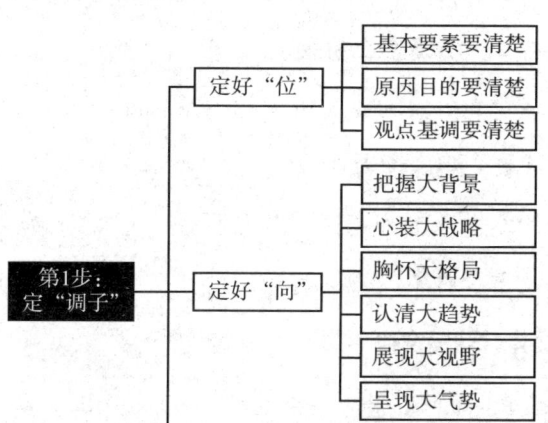

定"调子"是笔杆子文字表达能力的体现，也是观察问题、分析问题、综合问题、表达问题的能力水平的体现。莫言在谈到小说创作时说："找到叙述的腔调，就像乐师演奏前的定弦一样重要，腔调找到后，小说就是流出来的，找不到腔调，小说只能是挤出来的。"同样，我们撰写公文材料，尤其是大型文字材料，第一步也要定"调子"。当我们接受任务，开始写一份文字材料的时候，首先要有一个大概的目的和方向，清楚用什么公文种类去表达，把握好材料的基点。这样，才能循序渐进地写下去。

那么，我们应该从哪几个方面定"调子"呢？

一、定好"位"

（一）基本要素要清楚

搞清楚公文材料的基本要素，就是在公文材料写作时，了解和把握公文材料的具体事项和规范要求，也就是有一个具体的"定位"。

1.清楚用文主体，明确发文机关

要准确地体现发文机关和受文机关的关系，即何人何机关用文。

2.清楚受文对象，明确读者听众

即应交代清楚发送范围和阅读对象及听众。正如射箭要射靶子，弹琴要看听众。写材料也要看对象，就是要清楚为什么要写，写给谁看。

3.清楚使用文体，明确文稿形式

由于重要文稿是"遵命"写作，在很大程度上，不能取决于个人的意愿，所以写什么文体应由领导交拟任务时一并指明。

4.清楚写作时限，明确成稿时间

即领导要明示应在什么时间内撰写好。许多公文材料的写作都有十分严格的时间限制，有时必须在几天，甚至一两天内撰写出来。因而，受领写作任务时，一定要明确写作时限。

（二）原因目的要清楚

重要的文字材料的写作内容及要求具有特殊的规定性，这就需要搞清基本依据和遵循要旨。

1.明确写作动因、目的和需要解决的问题

凡动手写，就有一个"写作意图"或"写作动机"，或表达情意，或宣事明理，或传授知识。没有目的，就没有材料。如果背离目的，再精彩的文

字也是废话一堆，分文不值。因而，在接受组织和领导交代的写作任务时，一定要完完全全地清楚写作动因、目的和需要解决的问题，准确理解写作要求。

2.明确写作方向和全局思路

这是全部写作活动的基本依据。要将写作任务与组织讨论相结合，以便在写作时抓住本质，明确要旨。同时，对写作所需的有关文件和材料，要认真学习领会，达到与上级同步思维，从根本上实现双重作者的思想一致。

3.查找行文依据

公文主旨提炼出来了，明确了，接下来进入的程序便是查找行文依据了。这里，需要搞清楚的是，写作任务只是行文的缘起、行文的动因，并非行文的依据。行文依据与行文缘起、动因是完全不同的两回事。行文依据指行文所依靠的理论或事实，主要涉及法律依据、政策依据、现实情况和条件依据。公文行文必须有依据，越是重要的公文材料越要有依据，而且依据必须明确，否则是不可以草率动笔的。

（三）观点基调要清楚

主要观点是材料的灵魂，基本格调是材料的关键。

1.把握主要观点

公文材料要从真实的事例中提炼出符合客观实际和工作规律的观点，并且广泛传播。观点要符合党的路线、方针和政策，符合国家的法规、法令。因而，观点要客观、概括、简明、新颖、协调。

2.清楚见解看法

也就是理解写作的思想，领会写作的思路。如果这些不搞清，就可能跑题偏题。

3.明晰总体评价

对工作的估计和评价等要清楚，以便于写作时找到写作的立足点。

二、定好"向"

所谓定好"向"，就是大型文字材料写作前要定一个大的方向，也就是整个材料如何把握的问题。这个方向，要有高度，有深度，有力度。

（一）把握大背景

撰写大型文字材料时，要对当前国际国内或军内的形势大背景有一定的了解，决不能脱离时代背景，另起一套。要从世情、国情、党情、军情等方面思考，在大背景下去构思。把握大背景，可以使笔杆子了解写作任务的重要性，决定思维的连贯性，进一步使笔杆子由被动受命写作向主动写作转化。

1.多读书看报看新闻

不读书、不看报、不看《新闻联播》、不浏览时事新闻和热点新闻，是无法了解当前形势的。尤其对国际国内形势的重大变化，对上级的一些重大决策，都要主动学习思考。对报刊上的社论、评论员文章以及言论，都要注意收集学习，力争烂熟于心。

2.学习上级有关精神和文件

要搞清楚党、国家和军队在不同历史时期的中心任务和中心工作，否则写出来的东西就没有根据、站不住脚。"新常态"已成为改革发展新形势下的一个热词。2014年年底，习近平总书记在江苏调研时强调，要协调推进全面建成小康社会、全面深化改革、全面推进依法治国、全面从严治党，推动改革开放和社会主义现代化建设迈上新台阶。"四个全面"的提出，使党和国家各项工作关键环节、重点领域、主攻方向更加清晰，内在逻辑更加严密，使党中央领导集体治国理政总体框架更加完整，这也是对"新常态"的有力概括。作为笔杆子，就必须特别认真学习理解。

3.理解写作要求

公文材料的写作目的就是全面学习贯彻落实党和国家的路线、方针、政策，因而，要学习好党的路线、方针、政策和国家法律、法规及重要规划，了解每个时期突出强调的方针政策，把握住这个方面就把握住了写作的总体要求，还要注意了解背景，搞清缘由，吃准意向，写出的材料才能过关。

4.吃透"下情"

要学会把大背景具体化，使之与本单位的"小环境"真正结合起来，为材料的"登高"奠定基础、"储存能量"。这样，所写的材料突破了小单位的局限，在更大的时空和领域体现出它强大的生命力和指导性，层次自然就上去了。因而，要吃透"下情"，了解和掌握当前基层动态、工作的实际情况和人员的思想状况，尤其是对存在的突出矛盾和问题定要心中有数，切实搞清基层建设中的一些深层次问题。

（二）心装大战略

大战路就是要把握宏观，具有战略眼光。这就需要笔杆子平时注意积累一些有战略性的思想，有备无患，需则用之。

1.从战略的高度去思考

战略是对全局的谋划和指导，是带有全局性的指导规律。笔杆子要写好材料，就要站在战略和全局的高度思考问题、谋划工作，以宽广的胸怀和战略眼光分析形势、发现问题、解决问题，这样写出的材料才能大气磅礴、高屋建瓴、见解独到、统筹兼顾。

2.从折射的角度去把握

我们经常讲："一滴水能映出太阳的光辉。"大型文字材料的写作，也要学会折射，以小见大。要研究形势和发展趋势给单位带来的影响和冲击、带来的挑战和机遇，思考应该采取的对策和措施。这种思考应是主动的、自觉的、经常的，而不是单等有写材料的任务了才突击性地去想。这样积累多了，眼界就会不同，分析问题的广度和宽度就增大了，到了具体有写作任务时，对问题观察和分析的穿透力就显然不同，材料层次也将随之上升一个高度。要多看我们所反映的工作内容中哪些符合时代的发展，哪些落后于形势的节拍，哪些内容是当前社会所要提倡的。我们都知道，邓小平同志最善于把思考的问题放到大环境中去分析和把握，他一直思想解放、观念更新，自觉地把中国的建设实际摆到世界飞速发展的大背景大环境中去揣摩思考。比如：他善于从大角度观察社会，紧紧抓住中国社会发展的根本问题；他善于从世界的大时空来分析中国问题，产生强有力的战略对策；他善于从大思路处理问题、解决矛盾，及时推出新的理论和重大举措，使中华民族走出了有自己特色的富强之路。伟人的这一从大时空来认识把握问题的思路和做法很值得我们学习和借鉴。

3.从时空的维度升华

公文材料是为领导决策提供理论支撑和服务的，必须站得高、看得远，从战略和全局的高度思考问题。站得高，就是通过文章的全部材料和表现形式所表达出来的基本思想，反映对象的本质和内部规律，符合自然现象和社会、政治、经济、文化的发展规律，揭示事物所包含的深刻的社会意义。也就是古人所讲的文章立意要志高、识深、意远。看得远，就是全面观察、深刻认识——从正反、纵横、时空、彼此等多种角度去分析、比较和研究，善于抓住关键点，将问题想深、想透；从高处、大处、远处、深处来审视和考察，从而使认识尽可能客观。想得要深，就是把握事物的本质，往深处想，由表及里，通过现象抓住事物的本质；由点到面，认识和把握事物的整体；由始到末，掌握事物的来龙去脉；由正面到侧面，从不同角度看问题，认识其不同特点。

（三）胸怀大格局

古人说："不谋万世者，不足谋一时；不谋全局者，不足谋一域。"毛泽东同志也说过："没有全局在胸，是不会真的投下一着好棋子的。"

大格局就是准确把握事物的总体发展趋势，在牵一发而动全身的问题上出谋划策，从战略的高度察弊识利，协助领导作出事关全局的重要决策。因此，笔杆子在大型文字材料的撰写过程中，必须有很强的全局意识、战略意识，必须站在一定的高度去观察全局，分析全局，谋划全局，积极为领导出好主意、出大主意，拿大方略。

三国时的诸葛亮，虽然结庐隆中，但对天下形势了然于胸，分析深刻透彻，在著名的《隆中对》中，他向刘备提出了占据湖南、湖北、四川，谋取西南各少数民族的支持，联吴抗曹，进而统一全国的战略构想。可以这么说，兵微将寡的蜀汉，能够发展到与曹魏、东吴抗衡，形成三国鼎立的局面，得益于诸葛亮心有大格局，出的是大主意、高谋略。

1. 站在时代前沿纵观全局

叶剑英同志曾形象地要求参谋人员："要经常按着地球'脉搏'的跳动。"也就是要对国内外风云变幻了如指掌，对时代大背景非常清楚。笔杆子要走出一个误区，把自己看作是领导的"传声筒"、干具体事的，领导叫干啥就干啥，大的方面不必操那么多的心，"不在其位，不谋其政"。这种理解是狭隘的。常言讲，一个人最要紧的不是站在什么地方，而是朝着什么方向走。抗日战争进行10个月后，为批驳"亡国论"和"速胜论"，毛泽东同志在陕北延安的窑洞里，纵览世界风云，写出了著名的《论持久战》。这就是站在时代背景下，胸中有全局的典范。由此可见，作为笔杆子，都应注意按地球的脉搏，对当前国际国内形势、经济建设形势、军队建设形势等有总体了解和把握。这样，就为写出符合时代要求的文字材料，奠定了坚实基础。

2.站在"大政方针"的高度谋全局

这里所说的"大政方针"就是治党、治国、治军的路线、方针、政策和法规、原则，因为这些都是党中央、国务院、中央军委统揽全党、全国、全军的大局制定出来的，所以对各行各业、各个单位、各项工作都有普通的指导意义。只要我们以此为站立点，就站到了观察分析问题的最高处，对大大小小的局势就可以看得一清二楚，据此写出的材料和建议才能具有全局性。

3.站在通晓全局的高度谋全局

知全局才能谋全局，对全局知之越广越深，谋全局才能越高越准。笔杆子不要把自己局限在本部门、本单位的小圈子里，要把视线扩展到更大的空间、更大的工作范围去观察、分析、研究，从而更准确地把握材料写作的方向，提高材料的起点。要经常留心观察，及时收集整理。如参加综合性工作组时，听党委、机关的工作总结报告时，学习上级指导全局工作的文件时，对有关内容都要认真记录，装在脑子里。要使自己的脑子里多装些带全局性的问题，经常想一想全局的要求是什么，面上的情况怎么样，透过自己分管的工作，立足本职想全局，客观思考提建议。要加强部门之间的联系。笔杆子对相关部门掌握的情况，要主动联系，及时获取。总之，机关各部门之间是紧密相连的，相互之间主动交流、"互通有无"，是笔杆子了解通晓全局的一条捷径。

（四）认清大趋势

世界是发展变化的，但发展是有趋势的，而且，这种趋势是无法阻挡的。因而，身处这个变化的世界，就要认清发展的大趋势，预见未来。

1.紧握时代脉搏

在一定意义上讲，文字材料都是时代的产物。当历史发展到一定阶段，时代提出新的要求，实践呼唤新的发展，材料才具有形成的客观基础。一个指导性文字材料能否成为历史性文件，具有里程碑意义，很重要的一点就在于是否准确反映了时代特征，是否从时代的角度来研究思考问题，是否充分吸纳体现时代发展和社会进步的新思想、新观念，是否科学回答了时代提出的新课题。

2.紧贴时代需要

我们起草任何一个材料，都要注意时代需要不需要、时代发展到没到这一步的问题，太超前了不行，滞后了更不行。特别是对事关发展建设一些管长远、管根本的指导性文件，一定要在增强时代性上下功夫，善于观察新事物、剖析新情况、发现新问题、总结新经验、提出新办法。只有这样，才有可能写出适应时代要求、引领时代发展，从而体现出公文材料的时代性和创造性。

3.紧跟时代步伐

笔杆子在进行大型文字材料的写作时，要紧跟时代的步伐，不可脱离时代。要注意收集全面、有价值的素材，多渠道、多角度、多形式地参考、归纳和吸收新颖观点、前沿理论和经典提法。要有敢为天下先的勇气，勇于创新，善于创新，富于创新。只有把握时代要求的公文材料，才会有指导意义。

4.紧靠时代前沿

当今时代，知识不断更新，发展一日千里，公文写作若不紧跟时代潮流，抓住时代最前沿的东西，而局限于落后于时代的旧的形式内容、旧的理念概念、旧的要求原则，就老气横秋、暮气沉沉、俗气难耐、过气无用。因此，公文材料的写作应站立在奔腾的时代前端，放宽思路、放远眼光、放开视野，去探索新发现、分析新问题、寻找新规律，预见大势所趋、预测发展走向、预想潜在问题，在此基础上提出对策、解决问题，提出建议、服务决策，提出要求、推进发展。

（五）展现大视野

视野决定境界。视野的广度，决定思想的深度、高度和力度。我们常说文章要有思想。那思想从哪里来？思想是从思考中来的。思想要高于一般人，见得就必须比一般人多，视野就必须比一般人宽。

1.要有丰富的阅历

海尽天是岸，山高人为峰。山不管有多高，只要人登上去，人就是最高峰了。大视野不是与生俱来的，而是经过努力实践的结果。写文章如同登山，必须努力攀登到达顶峰，才会发现那里的无限风光。孔子不周游列国，就不会有《论语》；郦道元不遍览祖国山川，就不会有《水经注》；曹雪芹没有经历荣华富贵和家道中落，就写不出《红楼梦》；严复不到英国留学，就翻译不了《天演论》。由此看出，阅历对开阔视野的重要性。

2.要有科学的预见

预见，就是见微知著。有了科学的预见，才能胸怀远大奋斗目标，才能关照好发展的各个阶段，才能未雨绸缪，争取主动，防患于未然。当中国革命初期敌我力量对比极为悬殊的时候，有人怀疑"红旗到底能打多久？"毛泽东同志高瞻远瞩地指出："星星之火，可以燎原。"当20世纪80年代末90年代初苏东发生剧变的时候，对社会主义的悲观情绪在一些人当中流行起来，邓小平同志斩钉截铁地说："不要认为马克思主义就消失了，没用了，失败了。哪有这回事！""人民经受锻炼，从中吸收教训，将促使社会主义向着更加健康的方向发展。"因而，材料写作要有科学的预见性，能超前思考，从事物的萌芽状态预见发展的基本态势，把一般情况和现实问题思想化、深刻化。

3.要有广阔的眼界

眼界决定出路，决定思路。现实中，笔杆子的通病是工作被动性和从属性较强，常常严谨有余，开拓精神不足，这就势必造成目光短浅，坐井观天。展现大视野，要有长远眼光，多看几步，多看几年，在关照当前的同时，多想中长期发展。要转换视角，不能只平视，还要仰视、俯视，用360度的视角看问题，既回头看也向前看，既看到机遇也看到挑战，既看到前景也看到忧患。要解放思想，运用超前的眼光、不凡的胆识、睿智的头脑对环境形势及时作出严谨分析和正确判断，把思想认识从那些常规且不合时宜的观念做法中解脱出来，从对事物教条式的理解中解放出来，从主观主义的桎梏中解救出来，让思想观念更加贴近领导工作的实质和需求，更加符合本单位工作实际，更加符合"四个全面"的战略格局要求。

（六）呈现大气势

《孙子兵法·兵势篇》中讲道："激水之疾，至于漂石者，势也。"意思是说，湍急的流水飞快地奔泻，以至能漂移石头，这便是流速飞快的势。

写作中的气势，是指蕴含在文章中的一种内在力量。

由于机关公文材料作者不同、种类不同、内容不同，使材料写作呈现出不同的气势：有的立论高远，描述恢宏，显示出一种磅礴之气；有的思想深刻，意义深远，显示出一种深邃之气；有的行云流水，势如破竹，显示出一种流畅之气；有的显示出朝气蓬勃的虎虎生气；有的显示出勇往直前势不可当的锐气等等。材料的气势最能体现作者的写作风格，而且关系到材料的质量和表达效果，能够增强其独特的魅力。

比如，读诸子散文，人们会体会到春秋战国时期的纵横捭阖；读李白、杜甫的诗句，人们会感觉看到了唐朝的繁荣强大。固然，文章是时代的产物，会打上时代烙印，但文章大家们在展现大视野、书写大胸襟时收放自如、游刃有余的大气势大手笔，也是极为重要的。再比如，李白的诗天马行空，浪漫奔放，意境奇异。苏轼开创了恢宏雄迈的豪放词风，其雄心壮志和壮怀难酬的悲凉感慨跃然纸上。鲁迅是杂文大家，嬉笑怒骂皆成文章。毛泽东的文章文势汪洋恣肆，有大江大河奔流之美，有高山伟岸幽谷淡静之美，亦有蓝天流云从容之美。他的《沁园春·雪》被公认为我国文学史上成就极高的诗词作品。全词尽显作者前无古人的巨大胸怀与气魄，具有不可抗拒的艺术感染力。我们在写作大型材料时，要多向文章大家学习，细心体会领悟，从而使自己的材料大气磅礴，富有气势。

1. 郑重强制的语气，有力地增强材料的号召力和约束力

一般情况下，在公文材料写作中，需要大量运用指令性、约束性语言。比如在材料中贯彻上级指示，"我们要""我们必须""我们要严格做到"会经常用到；贯彻会议精神，在要求中提出的"八个不准""六个严禁""坚决纠正""严格控制"等字眼，表现出一级党委机关郑重的态度、气势和抓工作的力度。应该怎样做，不能怎么做，思想境界明确，行动约束力强。如果在公文材料写作中模棱两可，使用中性、温性语言，就会使材料缺乏严肃、郑重、强制的气势，使读者（听众）感到这样也可那样也行，界限不分明，行动无遵循，当然就会大大减弱抓工作落实的力度。

2. 深入雄辩的研论气势，有力地增强材料的穿透力和说服力

大部分机关公文材料，都会涉及对理论和问题的探讨、论证和说明。在这方面，如果有一种掐住重点，有的放矢，一针见血，层层开掘，直奔本质的雄辩，加之用词准确、贴切、严谨，科学的判断、深层的分析、严密的论证，就能使文章极富穿透力，增强理论观点的说服力。

3.严谨周密的逻辑气势，有力地增强材料的凝结力和推进力

有些材料之所以看（听）起来颠三倒四，让人迷迷糊糊，不知所以然，或是经不起仔细推敲，漏洞百出，一个主要原因就是缺少逻辑性。机关公文材料写作需要有严密的逻辑，这样才能使整篇文章条框分明，环环相扣，无懈可击，坚强稳固，形成一个有机体系，从而使文章内部产生一种无形的推进力，把文章提升到更高的层次，居高临下，势可想象。

4.激昂深情的文辞气势，有力地增强材料的感染力和吸引力

有些文章让人一读起来，一听起来就激情满怀，充满动力，这与文辞的表述有很大关系。我们不赞成写材料搞"文字秀"，什么"一个指导思想、两个重点、三个环节"或是四六句泛滥，排比句成风，等等，但要想材料有气势，要想材料高质量，离不开文字的锤炼。通过或是热情洋溢，或是朴实深刻，或是精准深情等语言的叙述和刻画，会使读者（听众）更容易接受和受到感染，从而增强材料的吸引力，达到预期的效果。

三、定好"基"

众所周知，撰写大型文字材料在机关是难差事、苦差事。许多笔杆子，甚至是写材料的高手，都有"材料难写"的深切感悟。那么，写材料究竟难在哪里？不是难在不会写上，而是难在怎么写上，难在如何写到"点子"上。俗话说"文无定法"，材料没有固定模式，往往仁者见仁、智者见智，但万变不离其宗，无论怎样谋篇布局、遣词造句，其基本规律和精神实质都是一致的。因此要定位基点，基点是材料的基本方向，基点不准，材料必偏。

（一）理好"主线"

主线就是主题。主题是材料的灵魂和统帅，一个材料如果主题不明，思

路肯定不清，这种材料就没有任何价值和意义可言。

一要突出一个主题。确定材料主题时，要注意一个材料通常只能突出一个主题，不要出现多个主题，尤其是反映全局工作、体现大项活动的大材料。

二要注意从多个内容中提炼出一个共性问题，把"筋骨"提出来，把"脉络"理清楚，围绕主题去搜集素材、表达思想、反映工作。

（二）服务"主人"

我们在材料写作时，要把听众和读者当"主人"。材料是给读者看的、听众听的，他们是最终的评委、真正的主人。

1.找到上下的最佳结合点

笔杆子撰写材料，在考虑单位要求和领导意图的同时，还要站在读者和听众的角度，努力找到上下的最佳结合点，针对不同对象尤其是读者和听众要求，"看人下菜"，多用一些针对性强的素材，扩大知识面，增大信息量，提高吸引力。

2.找到主人角色的站立点

笔杆子在写作大型材料时，要站好位，客观公正科学地看待问题，不可偏左或偏右。只有站位正确，写出的材料才能让人信服。

3.捕捉受众的特点

在撰写材料时，了解和把握受众的特点很有必要。比如，领导给城市市民讲话，同与农民讲话，显然是不同的。因而，把握受众特点，包括年龄、性别和地域，学历、专业和文化，经历、职务和能力等，这样才会有的放矢，引起共鸣。

（三）把握"主调"

一篇材料，行文目的不同决定着公文材料的特征不同，同样也表现在公文的用词、语气、气氛、色彩上，也就是公文用语所体现出的思想性、严肃性、准确性、强制性、趣味性、活跃程度等等。不同的行文目的对行文风格要求不同，对行文的结构、基调、表述的要求也不同，因此，要把握好主调，也就是领导的风格。

1.把握写作风格

把握风格就是表达方式和语言运用要到位，力求实现二者的和谐一致。表达方式是运用语言反映客观事物的方法和手段。语言运用与表达方式相适应，这是使文章生动、有力、明晰的重要条件。要把握好叙述、议论和说明三种表达方式的语言特点。反映事件的发展、空间的转移和人物成长的过程，用叙述方式；解说事物的性质、状态、特征、功用等，用说明方式；论是斥非、阐明事理，用议论方式。要运用好语言这种表达的外在形式。语言的基本形式是遣词和造句。遣词要准确、鲜明、生动，造句要短小、精练、规范。许多重要公文材料，论证有力，解说明晰，叙述生动，都是借助于丰富多彩的语言。

2.用好语法语气

要确定语气基调，就是根据公文材料的种类确定基调，根据受众对象确定基调，根据事物的重要程度确定基调。要注意语气搭配，就是根据表达的主题确定语气搭配，根据行文方向确定语气搭配，根据重要观点确定语气搭配。要把握语气变化，就是强制与说服相结合，使读者（听者）达到自觉执行的效果；理性与感性相结合，给读者（听者）客观真实的感受效果；说理与启发相结合，给读者（听者）亲切可信的影响效果。

3.节奏明快和谐

公文材料不是诗歌，当然不讲究合辙押韵。但是，为了表达的需要，尤其是大型文字材料，必要时也可运用对偶、排比等句式，把语言写得明快和谐而富有节奏，读起来朗朗上口，听来悦耳动听，给人一种美的享受。例如毛泽东同志在《改造我们的学习》一文中，写给没有科学态度的人的那副对子：墙上芦苇，头重脚轻根底浅；山间竹笋，嘴尖皮厚腹中空。不仅形象地勾画出主观主义者的嘴脸，而且左右对称，节奏明快，读起来十分上口。邓小平同志在《党和国家领导制度的改革》一文中，在列举官僚主义的主要表现和危害时，一口气连用了二十四个四字格的成语和熟语，读起来十分明快有力。中华语言博大精深，这需要我们持之以恒地加强学习、积累和锤炼。当然，语句的节奏一定要建立在提高材料层次，作者开阔心胸、灌注情感，时空曲折错落变化这些基础之上，否则只能是在玩文字游戏，这一点在写作中一定要引起我们的注意。

理 "路子"

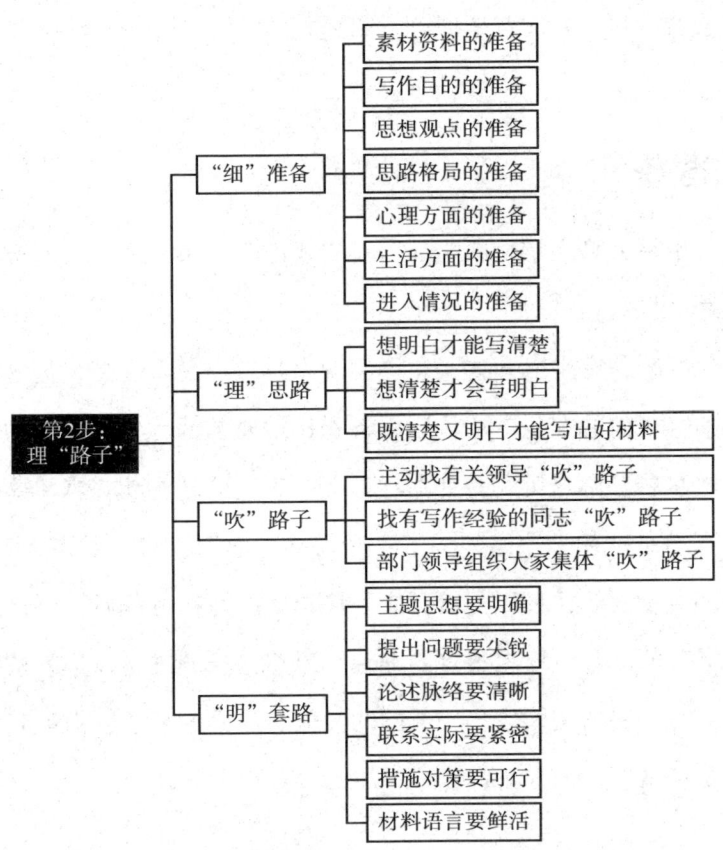

在进行大型文字材料撰写之前，一定要先理 "路子"，俗称 "吹路子"。常见的法定公文，可以省略这一步。

这个阶段，在收集素材资料的基础上，进行思路格局的准备。也就是按照材料的种类，确定一个基本的写作思路。只有路子理清了，才能把握材料的主题，掌握写作的重点。在理路子之前，要先进行分工，指定 "主理人"，指定"主笔人"。一般是一个问题指定一个人"主理",其他人"助理",吹通一个问题,过一个问题。这一工作做好了,在写起材料来就能势如破竹,一气呵成。这里,一定要防止都负责但都不认真负责,都想写好但都不知道怎样写好的问题。吹路子可以相互启发思路,拾遗补阙,前后连贯,相互照应,防止自相矛盾。

理路子这一步,要注意把握以下四个方面。

一、细准备

我们在撰写大型文字材料之前,要有所准备。可以说,没有准备,是不可能写出好材料的。

写作前的准备有广义和狭义两方面的内容。广义上讲是长远的准备,狭义上说是动笔之前的准备。从长远准备看,主要是锻炼三种基本功:分析认识问题的基本功,调查研究的基本功,文字表达的基本功。当然这些基本功的掌握,都不是一朝一夕能完成的,必须善于学习,肯于钻研,勤于写作,由小到大,由生到熟,日积月累而成。从具体的写作过程看,下笔之前主要做好素材资料的准备、思想观点的准备、思路格局的准备及进入情况的准备等。机关文字材料的文体较多,不同的文体有不同的要求,但就其共性要求而言,主要有以下几个方面。

（一）素材资料的准备

如同盖房子之前要准备好钢筋、水泥、砖瓦木材等建筑材料一样,我们撰写公文材料之前也要准备好写作素材和资料。如果说建筑材料要符合盖房子的要求,那写作素材和资料则要符合材料写作的要求。

素材和资料的收集和积累,是写好材料的基础。古人说:"兵马未动,粮草先行。"素材和资料就是"粮草"。因而，材料写作之前，不收集阅读大量资料，就立即动笔，硬着头皮写，肯定写不出好材料，甚至有可能推倒重来。占有大量的素材，是写好材料的前提和基础，是材料可以依靠的先决条件。有道是："磨刀不误砍柴工。""巧妇难为无米之炊，"动笔之前，收集占有大量资料的过程，就是磨刀和筹米的过程。刀磨快了，米筹足了，再去上山砍柴、下厨做饭，自然也就得心应手了。

1.拥有充分的素材是撰写好大型文字材料的前提和基础

材料的写作，实际上是对素材的归纳、消化、加工和升华的过程。储备素材有两个含义，一个是要有众多的文本材料，另一个就是平时多注意思考，进而形成有独特见解的观点群。

收集素材和资料，就是掌握素材，包括综合情况、重要数据、生动事例及重要思想观点。素材是大型文字材料写作的基础，如同搞建筑一样，必须有水泥钢筋、木石砖瓦等建筑材料。要注意"备料"一定要充裕，"材料"要包括思想观点，特别是一些带战略性的思想。有人觉得收集素材和资料并不重要，不当回事，而在写作运用时却常常有了新的认识，意识到素材和资料的使用价值了，后悔没有积累，再找时间来不及了，甚至无法找到。积累的一些素材和资料可能平时用不上，但在关键时候能用上一个观点、一个事例、一句话，这个素材就没有白白积累。

调查研究，取得第一手现实素材和资料。通过调查取得的第一手素材和资料往往具体生动，真实可靠，印象深，感受深。深入实际、深入群众、深入现场往往处于复杂多样的环境之中，各种矛盾、问题及思想认识交织、交汇、交锋在一起。这就需要我们在调查了解情况时，坚持实事求是的思想路线，不唯上，不唯书，坚持真理，坚持原则，不看风使舵，不随风倒，更不能带着各种框框去找素材和资料，削足适履，歪曲事实。要客观地倾听，平等地讨论，适当地提问，注意点与面情况的结合，上与下的结合，对调查的素材和资料要做必要的核实。

广开材源，积累第二手素材和资料。即收集一些与所写材料有关的事物的变革情况，以便分析其发展变化，作出正确的分析判断，提出有见解的观点。报纸、杂志、文件、会议材料以及简报等与自己业务工作有关的素材和资料，都可及时收集，分门别类保存好，用时非常方便。这些资料一般是用作背景材料，或作为对比、深入了解的线索，或作为研究分析的借鉴。

有备无患，储备基础素材和资料。积累一些与公文写作有关的文字，包括法律、规章、政策、文件、讲话、纪要等，甚至收集一些古今中外的精辟议论，作为形成公文观点和进行综合分析的依据，或直接引证所用。

2.大量占有素材和资料是撰写好大型文字材料的依据和保证

占有大量素材和资料，是准确把握大政方向的关键。任何一篇文章，大则必须符合党和国家的方针政策，小则必须合乎单位具体实际。写作之前，广泛全面地占有这方面的材料，并作深入研究，吃透精神实质，以此分析解决问题。否则，可能会得出错误结论，甚至与大政方针相悖。

占有大量素材和资料，是提出解决问题措施的依据，提炼形成正确观点的基础。笔杆子写出的材料无论是论理，还是陈述思想观点，要能站得住脚，令人信服，都必须有客观事实为支撑。缺少充足的素材和资料，公文材料的观点就失去了支柱；缺少可靠的素材和资料，公文材料就失去了约束力。围绕观点选择素材和资料，围绕素材和资料提炼观点，做到观点与素材的有机结合。可以说，现实的客观素材和资料就是笔杆子认识问题、分析问题、解决问题的最有效工具。素材和资料不同，得出的论点也有所不同。正确的观点，是通过对大量资料进行研究和分析后提炼而来的。素材越多，说理就越有力，论据就越充分，结论就越正确。没有大量资料作支撑，仅有少量资料或某一方面的资料，有可能会误入歧途，走向偏颇或者以偏概全。而由此写出的材料，就不能全面看清问题的实质，不是错误的，就是片面粗浅的。

占有大量素材和资料，是理清思路驾轻就熟的保证。我们常说：手中有粮，心中不慌。我们掌握了大量相关素材，动笔写作就有充分的选择取舍余地，可以按照文章的要求构思架构、谋篇布局，做到排兵布阵游刃有余，信手拈来。根据写作需要为我所用，一切都在自己的掌控之中，使文章有血有肉、血肉相融，有虚有实、虚实结合，有粗有细、粗细搭配。

毋庸置疑，占有大量素材和资料，应该是正确的资料，是鲜活的素材。在收集熟悉素材和资料过程中，应该首先剔除错误的和过时的资料，尽可能多地占有鲜活的素材。如果总是使用陈旧的资料，甚至把去年的工作贴上今年的标签，从事实、观点到角度、语言，时有重复，令人似曾相识，总是这样炒现饭、吃陈粮，就会造成审美疲劳，倒人胃口。

3.把握素材和资料收集的内容

素材和资料的种类繁多。从机关工作、学习及写作的需要出发，可注意收集以下几方面的素材和资料：

（1）大政方针和重要言论。涉及本职工作的有关党、国家、军队的政策、制度、规定、法律、条令、条例等资料；一定时期的方针政策、工作任务和目标，马列主义经典著作中的某些重要论述，领导人的重要讲话和言论，报刊上的重要言论片段，某些工作的规范性提法等等。这方面的积累在起草大型文字材料中经常用到，或原文引用，或用于启发思路，或用于结合实际提出问题，而且有助于写作中少犯或不犯政治方向上、观点和提法上的错误。

（2）涉及本单位、本部门工作的经验、事迹、事件、数字统计等资料。我们所撰写的材料用于指导工作、宣扬典型、反映情况等，都离不开数字、典型的事例和经验。有本单位的有其他单位的，有上级的也有下级的，包括典型的"地点、人物、事件、成果、主要经验及有关数据"等，都要记下来，以便起草材料时运用。

（3）与本部门工作有关的上级文件、领导讲话及报刊上登载的资料。

（4）基本情况和工作进展情况。基本情况是指所在单位的历史沿革、现行编制、中心工作、任务与计划情况等；工作进展情况是指某一时期内各项工作进展到什么程度，有哪些成绩，还存在什么问题，有什么经验教训，以及下步的大致发展方向和动向等。机关大型文字材料写作，涉及各个部门，包含方方面面，牵扯到"上、中、下"各个级别，囊括了单位工作的各个时期、阶段以及所处的环境背景，如果我们不了解有关情况，写作中只能讲大话、空话、假话，材料就没有血肉，自然没有质量，指导也会变成误导。

（5）本行业、本系统的有关资料。从工作性质上看，任何一个机关以及机关内的一个部门，都属于一定的行业；三百六十行，每行都有自己的特殊情况和专门的政策规定。公文起草者如果缺乏行业材料，写作时就有可能说外行话。同时，从工作关系上看，任何一个机关以及机关内部的一个部门，又都处于一定的系统之中，比如财务、劳资、教育等，都各自构成一个垂直的系统，上下级之间，构成一种领导与被领导，或指导与被指导的工作关系。公文起草者如果对这个系统内上下情况了解得不够，那么对本单位、本部门履行职责活动情况的掌握就可能是片面的和孤立的。因此，对这方面的资料也应该着力收集，上下求索。

（6）社会上的有关情况。事物是互相联系的，有些事物的发生和发展可能具有更广阔、深刻的社会背景和原因，因此对本地区乃至更为广泛的社会范围内的有关资料也应该注意收集，它们对于认识和分析事物往往具有重要意义。

（7）对文字写作有参考、借鉴价值的精彩议论、生动事例、典型人物、历史资料、名言警句、写作诀窍、俗语等资料。名言警句，语言精辟，句子不长，但字字珠玑，意蕴深刻，闪烁着哲理和智慧的光辉。引用到文稿中，往往成为"亮点"，引人注目，发人深思。如"水能载舟，亦能覆舟""先天下之忧而忧，后天下之乐而乐""理论是灰色的，而实践之树长青""走自己的路，让别人去说吧"之类的句子，引用得好，往往使文章增色不少。材料写作时常需要提出一些带战略性、纲领性的东西，包括指导思想、奋斗目标、工作重点等，有些笔杆子常常为寻找合适的句子而煞费苦心，而类似的句子在报刊文章和文件、讲话上俯拾皆是，只要平时注意积累，看看人家是怎么写的，思路就豁然开朗了。群众中也有不少生动活泼的语言，如"上梁不正下梁歪""磨刀不误砍柴工""打铁先要自身硬"等等，既通俗易懂又一语中的，对材料写作大有帮助。

（8）日常工作和生活中听到、看到的对人的思想、行为有启迪的语言、故事、信息等。

（9）其他自认为很有意思、很有价值，日后写作可能用得着的资料等等。

4.了解素材和资料收集的途径

收集素材和资料的途径很多，常用的大体有以下几种：

（1）从阅读书籍和报纸杂志中收集；

（2）从学习上级下发的文件、转发的材料中收集；

（3）从参加各种会议（如党委工作会议、典型报告会、理论座谈会、学习讨论会等）中收集；

（4）从广播、电视中收集；

（5）从平时的工作、生活、与人交往等实践中收集；

（6）从网络上收集；

（7）在调查研究中收集。

5.摸索收集积累素材和资料的方法

（1）随记法。随身携带一个笔记本，把看到、听到或触想到的有收集价值的内容或观点，随时随地记在笔记本上，积少成多之后再进行整理。古人说："厚积薄发。"笔杆子平时要用心积累知识和资料，写作时才会得心应手。要注意读经典名著和领袖著作，要了解党和国家一定时期的路线方针政策，要注意查阅有关研究成果和不同见解的文章，翻阅历史档案材料，比如原始文献、会议记录、统计报表等，随时记下可能有用的资料，也要留心收集领导的思想观点和精彩语言。一些有经验的作者通常都做"政策摘抄""资料手册"等工作，可供借鉴。

（2）剪贴法。准备一个专用的资料剪贴本，在阅读自订的报刊时，发现有收集价值的内容，及时剪贴在剪贴本上。为便于装订，剪贴用纸应当选择质地较好、规格统一的白纸。可以随手在空白处标明出处（报刊名称及年月日）。装订时要做个封面，按标题拟定总目。这种方法比较灵活，易于归类。

（3）卡片法。在阅读书籍和非自订的报刊时，把有收集价值的内容摘记在专用资料卡片上。对有关书刊中的精华部分，采用做卡片加以收集的方式比较好。制作卡片要给每个资料加上题目，标明此资料的主题；要注明资料的来源；对已有的卡片进行必要的补充和修改。由于卡片容量有限，做卡片时要注意字迹端正清楚，内容精练扼要，一张卡片摘引一个观点、一段论证，便于保存、归类和使用。

（4）索引式。是指将素材和资料的名称、作者和出处，分类编成索引，以便需用时按索引查找素材和资料的原文，最适合于对各类公文的登记编目。以后需要回溯检索时，一查索引，便可直接找到公文原文。

（5）下载法。运用先进的电脑网络技术，把国内外或军内外局域网上的有收集价值的信息资料下载下来，或储存在电脑中，或打印成文字资料，以备提取使用。下载的资料，也要注意分门别类，避免用到时不好查找。

（6）大事记。"好记性不如烂笔头"，这是一句俗语，其中的道理很顶用。笔杆子应该将本单位、本地区、本系统重点活动、重要举措、重大成效逐一记录在案，以利于与年度、季度工作计划完成情况 "对表"，为写作积累素材。作大事记是明确专人负责的。但我们不要有依赖性，要养成自己记的习惯。因为每个人都有不同的认识角度，虽同记一件事，但侧重点是不同的。

（7）索取法。业务单位或业务知识、业务问题，应当及时调阅。如果对索取的业务材料不熟悉，还要请教相关专家和业务较熟的同志，直至弄懂为止。同时，要备下相关的背景材料待查。

对收集到的素材和资料要妥善储存。可以专门设置一个储存资料的地方，不要和书籍、报刊以及其他杂物混放。要放置得一目了然、便于取放。放置的地方得宽松一些，不要摞得太高、挤得太紧。最好放在通风、卫生、干燥处，防止潮湿、虫咬。

手头上有了素材和资料，写作中才有了抓手，有了 "米"，才有可能成为 "巧妇"。在积累资料和了解情况的过程中，我们要有海绵吸水一样的态度，钉钉子一样锲而不舍的精神，积小流以成江海、铁棒磨成针的韧劲和灵活多样的方式方法，博览群书、博闻强记、博采众长。这样，在材料写作中，我们就能真正实现厚积薄发。

公文材料写作中，尤其是大型文字材料的写作，收集素材和资料还应注意以下几个问题：

第一，注重数量，讲究质量。要获取充足数量的写作素材，必须通过多种途径，取得多方面的素材。如，通过深入一线搞调查，取得第一手素材；通过听汇报，参加各种会议，收集上报下发的各种文件，掌握第二手素材；通过查阅过去积累的有关资料，选取历史材料，等等。要获取充足数量的写作素材，还要尽量把调查的面放宽一些，多听、多看、多问、多记，不要局限在一个很窄的时间和空间里。无论是正面的意见，还是反面的意见；无论是成绩和经验，还是问题和教训；无论是做横向比较，还是看纵向发展；无论是现实状况，还是历史情况，都要积极地收集。只有这样，才能获取大量的写作素材，以满足写作的需要。但是，写作素材只有充足的数量是不够的，还必须有很高的质量。首先，素材要客观真实，要防止带着框框、戴着"有色眼镜"搞调查，防止获取的素材带有主观性；其次，素材要全面准确，要防止"坐井观天"，偏听偏信，当井底之蛙，防止获取的素材带有局限性和片面性；再次，素材要具有深刻性和本质性，要防止只收集表面现象，忽略实质性问题，防止获取的素材太肤浅太一般。另外，素材还要具有普遍性和特殊性，既要反映事物的普遍规律，有广泛的代表性，又要反映某一事物的特殊规律和区别于其他事物的特殊标志。

第二，收集务实素材，重视务虚素材。务实素材是指有关工作过程、工作方法、工作成果、单位和个人的先进事迹、突出政绩等看得见摸得着的素材。务虚素材是指有关工作经验、思想认识、理性评价、精彩议论等，那些能够启发人们深思、激起思想火花的素材。素材的积累是一个长期的过程，就如同储蓄一样，可即使我们有很多"存款"，需要时如何从"银行"里把该用的、能用的、必须用的取出来也是一门功夫。程序不对、手续不全不给取，多取、乱取造成浪费，不取、少取则难为"无米之炊"。只有务实素材，没有务虚素材，只能是一大堆没有灵魂的死素材；只有务虚素材，没有务实素材，只能是一些空洞乏味的说教性素材；只有把二者结合起来，才是既有实在内容又有深刻见解的高质量的写作素材。

第三，把握定性素材，掌握定量素材。所谓定性素材，就是反映写作对象的正误、优劣、成败、好差的素材；所谓定量素材，就是反映写作对象的工作进展速度、政绩大小、成果多少、优劣程度的素材。这就需要在收集素材时，把定性调查和定量调查、定性分析和定量分析紧密结合起来，以便把定性素材和定量素材都准备得很充分，使写出的材料能够反映出写作对象的清晰面目，给人一个准确的概念。这里应特别引起重视的是在写作实践中，人们往往忽视定量素材的准备，缺乏对事物的量化。因此，在调查研究中，要特别注意对写作对象进行量的调查和分析。如，说某个单位的工作很好，必须有能够反映好到什么程度、取得多少项成果等情况的素材；说某个单位的干部队伍素质很好，必须有能够反映干部素质的各种数字和优劣比例等素材。

第四，占有综合素材，提炼具体事例。综合素材可以使人对写作对象有一个概括的了解和整体的概念；具体事例可以使写作对象给人留下生动而深刻的印象。在准备综合素材时，要注意对某一事物的高度概括和准确评价，要防止把局部当成全局，把片面议论当成全面的评价。在准备具体事例时，要注意事例的典型性和普遍指导意义，要防止只追求具体事例的特殊性而忽视其代表性和普遍性。切忌在写作中使用那些发生在边边角角、很偏、很少见、很特殊的事例。因为这样的事例有的尽管很生动，但不能反映事物发展的一般规律，缺乏代表性和普遍性。

第五，既要及时收集，又要持之以恒。见到认为有价值的资料就马上记录下来，不要拖。如果当时确因某种情况不能马上记录，过后也要抓紧补记。收集积累资料是一个点点滴滴、长期积累的过程。坚持数年，必有好处。坚持的时间越长，资料积累得越丰富，对自己的工作、学习、生活的质量和写作的水平影响就越大。

第六，立足全面系统，确保准确无误。收集素材和资料不能搞实用主义，即用什么收集什么，甚至现用现收集。要系统全面，从长计议。对古今中外政治、经济、文化、科学等方方面面的资料都要收集。收集的资料越全面越系统，应用范围就越广，使用价值就越大，个人受益就越丰厚。收集素材和资料时要认真仔细，书写清晰，内容语句不能有差错。要把素材和资料的出处记清楚，以便对照原件时有案可查。

（二）写作目的的准备

写作目的准备是和搜集筛选材料同时进行的。主要是指明确写作材料的目的性和针对性，主题和中心，多种不同观点的比较和认定等等。

1.弄清写作的具体目的，也就是材料的主旨

在写情况反映前，必须确定它要起什么作用，解决什么问题，在什么范围内应用。是仅仅向领导机关和领导同志反映一种情况，作为上级考虑问题的参考或制定方针政策的依据，还是作为某一方面的典型公之于众，以便统一思想，提高认识，推动工作？是希望解决某个具体问题，还是仅仅提供一点情况？这些都要事先明确。因为不同的目的，不同的应用范围，使用材料、阐述问题方面是大不相同的。只有目的明确了，主题的提炼、材料的使用才有所遵循，写起来才能不走或少走弯路。如果目的不明确，偏离了写作的主旨，就可能出现成文后推倒重来的后果。

2.确定材料的针对性

肯定什么，否定什么，肯定时有哪些理由，否定时依据又是什么，充分不充分？哪些问题是明确的，哪些还不明确等等，都需要进一步分析研究。只有主题明确，观点鲜明，才能在安排结构、选择材料时取舍有据，详略适当，写起来才更顺手。

（三）思想观点的准备

1."吃透上头"

笔杆子不仅仅要自己分析研究，深入思考，还要注意听取多方面的意见。对所写的文件，领导同志有什么指示，参与研究的同志有什么深刻的见解或不同的看法，群众有什么希望和要求都要认真听取、研究。领导同志一般来说对党的方针政策了解得多一些，透一些，对全局性的问题观察得也比

较敏锐。他们对文件的理解和对一些问题的看法应当是更全面、更深刻，要把握住他们意见的主旨。这里也包括上级有关文件和领导讲话在内。这叫"吃透上头"。

2.吃透下头

基层干部群众直接接触实际，应当充分听取他们的意见，他们的某些想法、希望和要求，努力摸准他们的思想脉搏，这叫吃透下头。

3."两头"结合

吃透这两头，写出的材料就有可能更有针对性，从而也会更有指导意义，才能解决实际问题。一般说来，在政治生活正常的情况下，领导和群众的愿望、意见是一致的，但由于两头看问题的角度不同，也常有不一致的地方。这时候就需要认真分析研究，用正确的观点把两者统一起来。这样上下结合，集思广益，就可能把材料写得更全面，更深刻，更有思想性，更具有实际意义。

（四）思路格局的准备

1.围绕主题谋篇布局

有了素材和资料，又有了明确的主题思想，就应当考虑这些素材和观点如何围绕主题谋篇布局，有一个清楚的思路。一篇材料分几个部分，每个部分包括哪些内容，先写什么，后写什么，哪些内容为主，哪些为辅，使用哪些素材和资料，哪些该详，哪些该略，如何突出重点，上下左右如何连接、段落如何过渡等等都要想好。最好先写个粗略的提纲，有了提纲就好像盖房子有了草图，有助于动笔写作时掌握全局，避免丢三落四，前后重复，本末倒置。

2.区分文种列提纲

不同的文体、不同的情况在写提纲时，也有粗细之分。一些大型的工作报告、总结报告、调查报告等，由于材料较长，头绪较多，就应有较详细的纲目。一些小型的文件，提纲可粗一些，有个大架子就行。还有一些要求急、容量小的文件，下笔前有个腹稿也就可以了。

3.确立材料的主要观点与小标题

文章的大标题、小标题和每个段落段首的段旨语都是文章的观点。文章的标题通常由一级、二级、三级等若干个小标题组成，恰当地使用小标题，可以增强文章的层次感和条理性，便于受众领会和掌握文章的主题与主要内容。

（五）心理方面的准备

写材料之前适当地进行心理调节，使自己始终保持一个轻松愉快的心情尤为重要。要认定自己现在的工作是当前最需要完成的、最重要的，也是最有意义的，其他事尽量不去想（想了也没用），排除外界干扰。要树立在材料写作中培养兴趣、寻找乐趣的意识，"任尔东西南北风"，我自乐在其中。另外，可以做一些辅助性工作，如听听音乐、喝喝茶、聊聊天，此项工作因人而异，只要能放松心情就好。总之，起草材料时保持轻松愉快、乐观向上的心情，就如同把种子孕育在了春天湿润的泥土里，等待它的是生根发芽，破土而出。

（六）生活方面的准备

最重要的是吃和睡。写材料是一门苦差事，昼夜连续作战是常有的事。在起草大型文字材料前，一定要有意识地保证充足、良好的睡眠，迫不得已，打一会儿瞌睡也是一个办法。只有让大脑在睡眠（小憩）中过滤垃圾，调整状态，积蓄力量，才能在需要时迅速点火启动，达到最清醒、最高速的运转状态。当然，生活准备还有很多方面，比如有的人喜欢写材料前洗个澡，有的人喜欢喝杯咖啡，等等。这些都因人而异，还应在实践中不断地自我感知、自我调整，以便写作时达到最佳状态。

（七）进入情况的准备

写材料之前，心理、生活和资料都已准备妥当，是否就可以下笔了呢？答案是不能。

写材料要经过大脑的思维活动，而思维的运转同样需要一个循序渐进的过程。我们经常把提笔前大脑对材料的思考过程称为"出路子"。按照一般规律，写材料总是按照先在大脑中产生思路和层次（大体结构），然后再用文字表达层次观点（层次标题）和其他内容的顺序进行，其中，第一步就是"进入情况"。第一步是在大脑中形成的，属于无形的工作，所以有些人尤其是初写材料的人往往就忽略了。

写材料则必须先"热脑"。提笔前，通过学习、调查、分析、研究，明白自己要写什么，为什么要写，材料写哪几部分，大致应有几个什么样的观点，需要哪些素材，这样一个比较系统的思路在大脑中形成以后，我们说才真正进入了情况，真正做到了有"竹"在胸，提起笔来自然水到渠成。

二、理思路

写文章七分想三分写，在写作之前深思熟虑，把文章的思想、观点、内容和结构想清楚，做到胸有成竹，文章才会不跑题、不偏题，才能高质量、高水准。

（一）想明白才能写清楚

郭沫若曾说："你总先要有这样的胚子——思想和思想方法，然后才能进入第二步——用适当的形式和语言把它表达出来。"必须在想明白上把功夫做足，写作的时候才不那么费力。有的人写材料，不做思考，不做准备，喜欢提笔就写，结果不是下笔千言、离题万里，就是拼凑辞藻、内容空泛。出现这种情况，实际上就是在写作之前没有想明白，想不明白，自然也就写不明白。相反，有的人在写作之前，喜欢打腹稿，花较长时间准备，然后才动笔，写的时候胸有成竹，文章成功率就比较高。能达到这种效果，实际上就是因为在写作之前已经把要写的基本想好了。

（二）想清楚才会写明白

"工欲善其事，必先利其器。""凡事预则立，不预则废。"只有事先考虑清楚、准备充分，一篇好材料才可能产生。对笔杆子而言，因其所写不是为自己写，而是为特定的服务对象写，与一般写作相比，要求更严、标准更高、影响更大，因此，写材料更需深思熟虑、精心准备，必须真正想明白。如果把写材料看作是盖楼，那么想明白就相当于要设计出建筑方案和施工图样来，写明白就是在此基础上把图样变成实实在在的建筑，在很大程度上，楼的质量好坏、美观与否，关键就看图样设计得怎么样。同样，材料的好坏，很大程度上也与是否想明白有直接关系。写是行动，是落实，是想的延伸与具体化，材料构思好了、设计好了，才能按图操作，把材料的框架、观点、内容、体系建起来，最后形成一篇得到认可的高质量的材料来。

（三）既清楚又明白才能写出好材料

材料写作前，把问题想清楚想明白，才能写出高质量的材料。具体来说：

1.把意图想清楚

写材料主要是按照领导需求写，领导需要的材料要表达什么样的意图，这是首先要清楚的。其次，要清楚以什么形式发文；发给谁；材料的主要内容写什么；其他还有什么特殊的要求。如果做不到这一点，那写出来的文章就难以符合领导的需要，自然也就失去了价值。所以，写之前一定要把领导的精神、意图领会好，这样才能"量身定做"，确保不跑题、不偏题。我的经验是：要想清楚领导的意图，一方面自己多揣摩，设置一个场景，想想作为领导该怎么去想、怎么去讲，领导通常遇到这种情况是怎么处理的，以前有没有可以借鉴的；另一方面，有机会要多与领导交流，尽可能得到更多信息，帮助自己更准确、深入地思考。

2.分析思考要清楚

材料写作选材用料关键在分析。有分析才能选择。材料反映的情况是错综复杂的，往往真假相间，精粗并存，表里难分，彼此相关，必须进行去伪存真，去粗取精，由表及里，由此及彼的分析改造。玉不琢，不成器。许多人装订了一本本素材和资料，但不去分析研究，派不上用场，或不得其用，或失去时效，积累了又有什么用处？要分析弄清事物之间的复杂联系，才能找到规律，正确反映规律。要分析所掌握素材和资料的典型性，即在某种范围内的普遍意义，要善于分析素材和资料的代表性和价值，站得高，看得远。要分析材料的真伪，去伪存真。无论面对多么复杂的问题，只要出于公心，做到"兼听"，就不难办到这一点。要分析素材和资料的内在价值、分量、意义，发现新情况、新问题，善于从常人不以为意的现象中发现有重大价值的东西，善于从表象看到实质，从个别看到一般，从平凡发现伟大，从现在预见未来。总之，学会分析素材和资料，才能学会识别素材和资料，在平常中发现不平常。进一步说，只有学会分析素材和资料，才能学会选择素材和资料、提炼素材和资料，使具体上升到抽象，由感性上升到理性。

3.把主题想清楚

材料的主题是通过各种具体素材和资料支持、丰富和完善的。各种素材和资料与主题内在联系的关联度高低，对表现主题有很大影响。因此，对素材和资料要进行分析综合、抽象概括，注意向深处开掘，尽量挖掘出事物最本质的东西，对事物要着力探求其思想意义，要在事物所显示的多方面中找出最主要最深刻的方面。这个过程就是对主题的深化的处理。主题确立以后要讲究深度，即立意要高。务虚，就要把话说在点子上，一针见血；讲实，就要把怎么办说清楚，拿过来就能干，有操作性，切忌在半空里论过来、议过去，主题散而不清。这就要求笔杆子要具有较深的思想理论功底，有较高的政策水平，有较强的逻辑思维能力，能透过事物现象看到本质，加强对客观事物的深刻理解，掌握、理解党的路线、方针、政策，素材和资料积累丰富并能熟练地掌握写作技法。

4.把架构想清楚

整篇材料应该如何设计、如何架构，如何形成一个结构紧凑、观点明确、内涵丰富、逻辑严谨的文章框架？材料要体现和包括哪些主要内容？这是在写之前必须考虑清楚的。否则，没有形成架构就动笔，只能是写到哪儿算哪儿，难以成为一篇高质量的材料。

5.把核心观点想清楚

材料的核心观点是什么？要表达什么样的主题？需要解释或说明哪些问题？这是在写之前必须想清楚的。如果写之前不明白文章要表达什么样的主题和核心观点，那写出来的材料必然是中心思想模糊、观点不明确，根本不可能是合格的文字材料。想清楚核心观点，关键是要抓住问题的本质，用高度概括、凝练的语言把要表达的意思清楚、有条理地体现出来。

6.把重点、难点想清楚

材料的重点是什么？难点在哪里？重点应该如何突出？难点如何突破？这些都是在写之前必须考虑清楚的。如果写的时候都不知道材料的重点和难点，那就会眉毛胡子一把抓，重点不突出，难点无法有效解决，写出来的文章质量肯定高不了。要想清楚重点，必须学会抓住主要矛盾，明白哪些是最主要的，哪些是相对次要的，一般来讲，重点就是要强调和突出的；想清楚难点，就是要知道写作中可能遇到的瓶颈是什么，采用什么样的办法去克服。

7.把亮点、创新点想清楚

笔杆子所写的每篇材料都应该有其亮点、创新点，如果没有，那材料自然暗淡无光，难以获得认可。而要做到这一点，则要求在写之前就把材料的亮点和创新点想出来，免得写的时候再去想。要想清楚亮点和创新点，必须大胆创新，敢于突破常规，想出能打动人、体现材料鲜明特色的东西来。

8.把业务知识弄清楚

不仅要清楚写作有关业务方面的材料，还要熟悉相关业务，尤其是一些业务术语，不要说外行话。一个知识面狭窄的笔杆子，是写不出让领导满意的材料的。因此，笔杆子要尽可能通晓各方面的知识，不求成为全才或各方面的专才，但从实际出发，尽可能拓宽自己的知识面，打好坚实的知识基础，并有必备的合理的知识结构。

由此，我们可以看出，想明白想清楚，才能写明白写清楚。想明白了，基本上意味着文章成功了一大半。当然，写文章并不只是把在头脑里的思想输进电脑、印到纸上去那么简单，要在想明白的基础上把文章写明白也并非易事。如果说想明白是设计、策划的话，那么写明白就相当于组织实施。要做到写明白，第一，要表达准确，要把意思写准，不能曲解或误解文章必须要表达的意图；用语要准确，语言要恰如其分，明白无误地把意思表达出来，不走样、不走调、不跑题。第二，要简明清晰、层次清楚、逻辑严密，有总有分、有主有次、有前有后，不交叉、不重叠。第三，要反复锤炼。文章无论在写的过程中，还是写完之后，都要反复斟酌、推敲，看这样写对不对、准不准、妥不妥，能否找到更好的表达方法。

正所谓"言之有理、言之有物、言之有文、言之有序"，或谓"凤头、猪肚、豹尾"。凤头，就是文章开篇一定要漂亮；猪肚，就是文章一定要言之有物，内容充实；豹尾，就是结尾一定要干净利索，像豹尾那样有力。

言之有理	即文章的"主题"	即公文的"主旨"
言之有物	即文章的"材料"	即公文的"材料"
言之有文	即文章的"语言"	即公文的"语体"
言之有序	即文章的"结构"	即公文的"格式"

当然，想明白并不代表能写明白，只有在想明白的基础上进一步掌握写作规律，按照写作要求来组织文字，做到观点和材料的统一，那样写起来才会水到渠成、瓜熟蒂落，也就容易写出好作品。

三、"吹"路子

"吹"路子就是构思。构思实际上从领会领导意图和准备材料时已在不断进行，只不过是不清晰的、大概的、粗略的、把握不大的，有时甚至是主观设想。随着对上头精神和下头情况的不断吃透，观点和材料的不断分析，思想火花的不断撞击，对所要写的公文材料的内容在头脑中就会逐渐明晰、完善和接近实际，原有的认识会产生飞跃，甚至有时会改变原来的思路。

从某种意义上说，材料是集体智慧的结晶。因为从材料的组织、修改、完善，都离不开大家的指点和帮助。特别是在构思材料、形成材料路子的过程中，笔杆子必须主动找大家"吹"路子，以便从中汲取营养、受到启发。"吹"路子的形式主要有以下几种。

（一）主动找有关领导"吹"路子

笔杆子要根据上级的要求和安排，紧密联系实际，设身处地想领导所想，急领导所急，站在领导的立场和角度去审时度势，谋划运筹。因而，在写作大型文字材料前，可以把自己的想法和思路，向领导汇报，听取领导意见建议。同时还要动用自己的资源和储备，无私奉献，以求锦上添花。只有这样，才有可能满足领导的需求，跟上领导的思路，写出具有真知灼见，而又为领导所认可的材料，实现由被动适应向主动适应的跨越。

（二）找有写作经验的同志 "吹" 路子

材料的路子在脑海里基本成形后，要把领导意图、自己的想法和所掌握的素材提供给大家。让大家围绕自己所提供的内容去思考、构思材料，从中汲取正确的意见，为我所用。这一方法适合自己把握比较大、材料难度比较小的时候。

（三）部门领导组织大家集体 "吹" 路子

对一些涉及单位整体建设的大材料，写作时往往难以把握，特别是内容了解不全、路子难以确定时，有时可能是一盆糨糊、理不出头绪来。碰到这种情况，就要主动跟领导汇报，建议领导组织机关人员集体研究。人员组成必须是一些有写作经验的同志，一般以3至5人为宜。"吹" 材料路子一般需要经过三五个回合，首先把问题抛给大家，让各自思考一条路子；然后再召开碰头会，进行共同磋商，从中归纳出比较好的材料路子。这样 "吹" 出来的材料路子，由于集中了大家的智慧，往往比一个人苦思冥想出来的材料路子要强得多。

四、明套路

任何文字材料都有一定的基本套路。尤其是大型公文材料的写作，既要有思路，也要有套路。严格意义上来说，套路其实也是思路。我们在材料写作中，要学会先把握基本套路，比如，根据主题思想，怎样提出问题，怎样论述问题，怎样联系实际，怎样提出对策，怎样行文叙述，怎样过渡衔接，都有一定的套路。我们掌握了基本套路，在此基础上，再有所创新。

（一）主题思想要明确

我们在领会了领导的意图后，思路上首要的就是要科学确定材料的主题。主题是材料的灵魂，也是材料所要表达的中心思想。确定材料的主题，重点从以下六个方面来考虑：一是根据领导的意图而定。领导关注的是什么问题，需要解决什么问题，需要阐述什么观点，需要达到一个什么目的和效果，弄清楚领导的这些意图后，方可确定文章的主题。二是根据上级的工作部署和形势发展需要而定。比如传达贯彻上级会议精神，部署当前和今后一个时期的工作，就要按照会议的精神以及形势发展的需要来确定文章的主题。三是根据现实工作需要而定。如各级各部门经常召开的经济形势分析会、工作座谈会、各种阶段性的工作会议，都属于这种情形。即着眼于现实工作中必须解决的实际问题，确定文章主题。四是根据会议活动的议题和要求来定。领导参加各种会议、活动，通常情况下要发言讲话。如何讲、讲什么？必须要按照会议议题和活动的要求来定，选准合适的角度，结合部门的工作实际来确定发言的主题。五是根据不同的受众而定。俗话说，到什么山唱什么歌。材料也要因人而异，根据不同听众或读者来设计适当的主题。比如参会的对象是普通的老百姓，讲话的主题就要围绕群众的需求，回应群众的关切，帮助解决面临的问题。六是根据领导的身份、职责分工而定。比如领导发言稿、署名文章主题的设计，就必须符合领导的身份和职责，不可越权越位。

（二）提出问题要尖锐

材料所提出的问题必须有很强的针对性，确实是现实中存在的突出问题、难点问题，充满时代感。一是牢固树立"正视问题是境界，解决问题是能力"的观念，勇于直面矛盾和问题，这是个胸襟和气度问题。二是科学分析单位建设的总体情况，善于透过复杂的表面现象，抓住事物的本质和规律，这是个方法和技术问题。三是辩证认识事物的主要矛盾及其主要方面，牢牢把握问题的症结，这是个眼光和水平问题。总之，提出问题的角度和方式，也就是材料的"题眼"，一定要夺人耳目，让人有看下去的想法。

（三）论述脉络要清晰

文字材料作为思想的物质载体，行文的逻辑性一定要强，力求水到渠成、顺理成章之妙。一是在思考问题时，要按照三段式，即"是什么、为什么、怎么办"，或"提出问题、分析问题、解决问题"的顺序展开。二是在结构安排上，不论是采取并列式，还是递进式，抑或是总分式、分总式、总分总式的模式进行，一定要按照一、二、三、四，（一）、（二）、（三）、（四）的顺序，一目了然，层次分明。三是在叙述手法上，要前后连贯、重点突出、详略得当，忌前后矛盾、左右交错、含混不清。

（四）联系实际要紧密

论证过程要紧密联系实际，这是把文字材料写实的关键一环。总的要求是"吃透上级的，摸清下级的，参考旁边的，形成自己的，变成大家的"。一是特色鲜明。让人一看就知道是某某单位，而不是其他的单位；是为解决此问题的，而不是解决彼问题的。二是具体深入。一具体就深入，一深入就具体。不能既可用于这个单位，也可用于那个单位；既适用于A问题，也适用于B问题；既可以说是几年前的，也可以说是几年后的。三是注重创新。既要联系实际，又要与时俱进，勇于提出新观点、新办法、新对策，忌做花样文章，说一些永远正确的废话，或人云亦云，全没自己的主张。

（五）措施对策要可行

文字材料是为解决某一问题而作的，必须提出操作性较强的措施和对策，不能只有"分析问题"这个上篇，没有"解决问题"这个下篇。一是观点要鲜明。提倡什么，反对什么，要态度鲜明。二是立意要高远。对老问题，要有新办法；对新问题，要有好办法；要多出真招，不出损招；要实在管用，不空对空。三是措施要具体。干什么、谁来干、怎么干，目的、意义、手段，搞什么活动、做到什么程度、达到什么效果，讲得清清楚楚、明明白白。四是振奋精神、鼓舞士气。提出的对策切实可行，发展的前景又一片光明，确实鼓舞人、激励人，不可死气沉沉、毫无生气。

（六）材料语言要鲜活

文字材料不仅要写实，还要写活，忌满篇八股文，干瘪无味；东抄西凑，没有特色语言；板起面孔充圣人，满口都是大道理，令人生厌。一是区分场合，在书面报告中，要多用专业术语；在口头发言中，要多用生活语言。二是适当引用俗语俚语、名人名言、典故事例、逸闻趣事，以增强趣味性和可读性。三是讲究文采，可采用对仗、排比、比喻、设问等修辞手法。四是自然生动，娓娓道来，如一家人聊天，老朋友叙旧。总之，要让人看了，如饮醇酒，历久弥香，回味无穷。

搭 "架子"

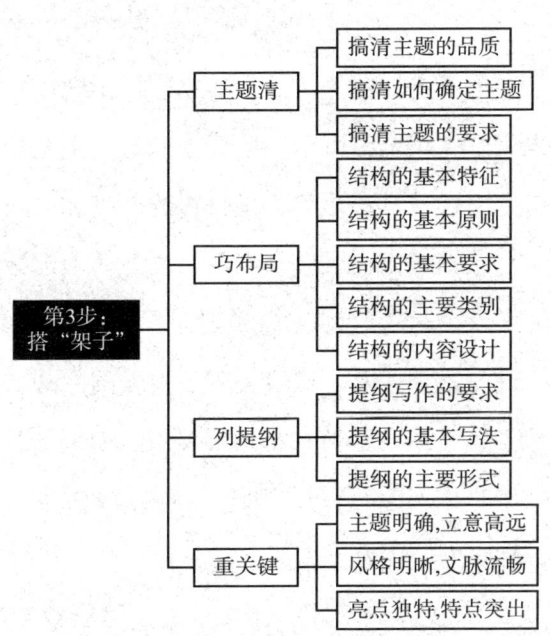

当我们理清了思路，构思比较成熟的时候，就要静下心来根据材料写作目的和所占有的材料来安排结构，确定层次，拟出比较详细的写作提纲（细纲）。这就是我们常说的搭"架子"，列提纲。

搭"架子"，就是给文章搭起框架，也就是谋篇布局。我们在进行大型文字材料写作时，要根据主题迅速理清写作思路，就必须在脑中对整篇文章有一个大体的框架。这个大体框架围绕主题形成，由材料开头延伸形成。这个架构包括构成文章的开头、经过、结尾三大部分，它是对材料各个段落的安排。毛泽东同志就曾指出，写文章要讲逻辑，就是要注意整篇文章，整篇说话的结构，开头、中间、尾巴要有一种关系，要有一种内部的联系，不要互相冲突。这是对谋篇布局提出的基本逻辑要求。

一、主题清

古人讲："凡作传世之文者，必先有可以传世之心。"要写出能流传于世的文章，作者必须首先具有能够流传于世的思想。主题就是一篇文章所要表达的中心思想，也就是文章全篇所围绕的主要问题。主题是公文材料全部内容的核心，是统率全文、贯穿首尾的，是材料的生命和灵魂，对写作成败具有决定性的意义。因此，我们在谋篇布局前，首先要确定好材料的主题，这是保证公文材料写作成功、避免大返工的关键性环节。

其实，我们在理"路子"时，已经明确了材料的主题。这里之所以不厌其烦地再强调一次，就是因为明确主题太重要了。如果主题不明确，主题不鲜明，再好的结构也是无用的。有了主题，才能统率内容，派生观点，引领全篇，照亮方向，指引人们朝着一个共同的目标而奋力前行。

主题决定了结构的形式。任何一篇文章都不可能没有主题。小说有主题，诗歌有主题，戏剧有主题，即使是所谓"散文"，也强调形散而神不散，虽海阔天空汪洋恣肆而不离其"宗"，这也是主题。大型文字材料由于其必须具有的指向性和实用性，当然更离不开主题。其表现形式，或为行动纲领（如"沿着中国特色社会主义道路奋勇前进"），或为战略目标（如"为建设富裕和谐壮美的泰安而努力奋斗"），或为理念引领（如"解放思想是加快发展的'头道工序'"），或为工作要求（如"政府工作必须注重执行"），如此等等。一句话，有了明确的主题，文章就紧凑而鲜亮；没有明确的主题，文章就散乱而暗淡。

（一）搞清主题的品质

1.方向要端正

就是要符合党中央、国务院、中央军委的路线方针政策，坚持正确的政治方向；要符合上级党委和本级党委的决定、决议、工作部署及有关规章制度，坚持正确的工作方向；要符合马列主义、毛泽东思想、邓小平理论、"三个代表"重要思想、科学发展观和习近平新时代中国特色社会主义思想，坚持正确的理论指导。

2.立意要集中

一篇公文材料只能有一个主题，一个中心思想，不能搞两个中心，更不能搞多个中心。换句话说就是主题的立意不能散，要集中反映一个思想。有一个《罗丹的斧头》的故事很能说明这个问题。讲的是法国雕塑家罗丹把伟大的文学家巴尔扎克塑像完成后，感到很成功，最满意的是塑像的精神气质。于是连夜叫醒自己的学生欣赏他的得意之作。然而学生赞不绝口的却是巴尔扎克放在胸前的那双手。这使思想非常敏锐的罗丹意识到那双"完美的手"冲淡了他要表现的主题。于是拿起斧头毫不犹豫地砍掉了塑像的双手，从而突出了主题，大大增强了雕像的艺术感染力。因此，现在法国巴黎艺术馆陈列的那座巴尔扎克塑像没有手。雕塑尚且如此，公文材料的主题思想更应该高度集中。

3.思想要深刻

材料的主题不应该是对写作对象表面直接的反映和一般的总结、概括，而应该是经过反复思考、深入挖掘、精心提炼的高浓度的思想结晶。这样的主题思想才能深刻地反映事物的本质，才能抓住事物发展变化的内在规律，从而将整篇文章的思想性和指导性提到更高的程度。

4.观念要创新

所谓创新，就是要使材料的主题跟上时代的步伐，充分体现时代精神，要体现新视角、新思维、新观点和观察新问题、解决新问题的新决策、新方略。

（二）搞清如何确定主题

一个好的主题，要从深入实际的调查研究中来。一个好的主题不是在头脑里固有的，也不是上级领导交代写作任务时就给定好的，而是参与写作的同志深入实际在艰苦细致的调查研究中逐步形成的。一般情况下，领导给机关交代写作任务时，往往是粗略地说一说总的意图、大体方向、主要问题和个人初步想法，不可能讲得很明白很准确。主题的最终确定，还需要笔杆子在调查研究中深入挖掘、反复提炼。

一个好的主题，必须完整准确地体现领导意图。我们在确定主题时，不要唯上，要唯实。既要认真深刻、完整准确地领会领导的思想和意图，又要敢于以充足的事实为根据突破领导的思维定式，弥补领导思维中的缺口。当然，这种"冲破"和"弥补"不是那么容易做到的，要有勇气和智慧，用脚踏实地付出一份艰辛，做出一番努力，站在全局的高度，进行一番辩证的思考。

一个好的主题，是在反复的讨论中产生的。我们在确定和提炼主题时，不要一个人关在办公室里冥思苦想，要集思广益，和大家在一起搞大讨论，甚至大辩论。有些好主题、好思想是在大家不带任何框框的"争争吵吵"中产生出来的。不少同志在写作实践中可能都有过这样的经历。

一个好的主题，是在日积月累的"灵感"中产生的。锲而不舍，深思熟虑，如痴如醉，从"灵感"中也能产生出好主题、好思想。这种"灵感"虽然不常见，但一旦出现则会产生意想不到的效果。看起来这似乎是一种偶然现象，其实这也是人的思维从量变到质变实现思想飞跃的必然结果。当人们对某一事物的思考达到如痴如醉的程度时，往往会突然冒出一些"思想火花"，及时抓住，就能产生一个很好的主题。

（三）搞清主题的要求

1.要站得高

"文似看山不喜平"。一篇好的材料，需要笔杆子具备前瞻性的思路和眼光，具备开拓创新的意识和气度，具备把握全局与选择目标的水平和能力，以形成独立之见，超越平庸，不能就事论事，要善于从长远、从根本上看问题，具有登泰山而小天下的气魄。很多材料平淡乏味的主要原因就在于作者局限于自我的狭小天地，停留在描述工作的一二三四、空话套话上，使得材料流于平淡，流于"小气"。材料撰写，特别是政治性、政策性较强的材料，一个题目，从不同角度会得出不同结论。比如，计划生育要不要放开的问题，从个人角度看是一回事，从一个省、一个市角度看是另外一回事，从国家角度看又是一回事；从当前看是一回事，从长远看又是一回事。要做到立意高远，才能正确认识、处理材料要解决的问题在全局的位置和可能带来的影响，才能推动和促进问题的解决。所以，我们撰写大型文字材料，要能从宏阔而高远的视野出发，要能追求更高的精神、价值、情感，要尽量用世界的、长远的、全局的目光去审视工作、事业和政策，不就事论事。在审题立意上，由低级到高级，由浅到深的大致顺序是：自我—单位—全局；当前—近期—长远；家庭—社会—国家；等等。当然，我们要求材料撰写的立意要高，是建立在科学发展、实事求是的基础上的，不是任意拔高，说空话套话，不能把蚂蚁说成大象，把树木说成森林，要恰到好处，中肯适当。

2.要立得新

我们大家平常读书看报，最不喜欢的就是那些人云亦云、毫无新意的文章，即使看了印象也不深。要使我们所撰写的材料得到领导的认可，就必须在"新"上下功夫，以"新"取胜。要善于运用战略思维、发散思维、求异思维、逆向思维，多角度思考问题，能够在人尽皆知、普普通通的现象中发现创新点；或者跳出老思路，寻找反映材料的新角度；或者用新的方法做出新的概括，提出前人未曾提出的新见解；或者避热就冷，在常人想不到的地方产生新观点。特别是平时给领导写讲话稿、每年的工作总结报告，都要寻求新的角度，用新材料，出新观点，有新语言。

3.要想得深

简而言之，就是要能"见人所未见，发人所未发"，写出"人人心中皆有，人人笔下俱无"。要尽量透彻地揭示出事物的本质，使材料表现出深刻的思想性和理论性，使读者能够受到最大的感染和教育。主题的深刻，并非仅在于材料重大与否，关键取决于作者认识事物的深度。要正确运用马列主义的立场、观点和方法来思考、分析和解决问题。恩格斯说："一个民族要站在科学的最高峰，就一刻也不能没有理论思维。"理论使人深刻，使人清醒，使人坚定。深厚的理论基础是保证材料主题深刻的前提。我们只有具备了良好的理论素养，才能形成科学的世界观、价值观；才能在立意和行文中透过事物的表面现象，洞察其本质，把握事物发展变化的内在联系和规律，提出用于实践、指导实践的真知灼见和方法。

二、巧布局

布局，就是先写什么，后写什么，把文章的结构想清楚。

清代诗人袁枚在《随园诗话》中有"着意画资妙选材，也须结构匠心裁"。在精妙选择题材的同时，在结构安排上要独具匠心，精心构思。在文章的中心确定之后，要下一番大的功夫进行结构的设计和规划，这是作文之人自古已然的事。公文材料的写作也是如此。

结构，即文章的组织方式和内部构造。安排结构的基本规律是材料与观点、论据与论证都要围绕主题进行，服从表达主题、突出主题、说明主题的需要，如同"轮辐向心"，像自行车的车条都连向车轴一样。

结构的作用是把文章中各个要素通过某种方式联系到一起，进行梳理，使之排列有序、主次分明，符合各个要素在文章中发挥作用的需要，符合事物发展的一般规律，使之能在最佳位置，采取最佳方式发挥各自在材料中的作用。如果说主题和素材是解决文章"言之有理"和"言之有物"的问题，那么结构则是解决文章"言之有序"的问题。

因而，我们在安排材料的结构时，要考虑到以下四点：一是全面考虑阐述问题、分析问题、解决问题的需要。二是层次段落要围绕主题，按照表现事物本质和特征的需要来安排。三是条理清楚，方便表述，符合人们的认识规律，便于阅读、领会和接受。四是各部分、各层次之间有正确、严密的逻辑和照应关系，通篇浑然一体。

（一）结构的基本特征

一般来讲，好材料的结构应该具备以下几个特征：

1.观点鲜明、思想深刻

我们在谋篇布局时，必须把一些重要观点直接亮出来，把一些深刻的思想写出来，这样就能让领导和受众明白文章要表达什么观点、有哪些出彩的地方。

2.层次清楚、结构合理

我们在谋篇布局时，要有严密的逻辑性，全面把握内在联系，进行合理的安排设计，每个部分的比例要科学合理，如果逻辑混乱、层次不清，那照此写出来的文章自然也不可能好到哪儿去。特别需要注意的是，同级标题之间应尽量避免交叉重复，并要有非常清晰的界面，否则行文时素材就很难切开。

3.言之有物、内容丰富

我们在谋篇布局时，要把文章表达的主要内容都体现出来，让人看了提纲就知道写了些什么，因此提纲最好写得详细点，至少写到三级。

4.文脉畅通、前后呼应

我们在谋篇布局时，不仅要讲究严谨、条理，还要求逻辑连贯、文脉通畅，无论是递进关系、转折关系，还是并列关系，都要有内在的联系和前后呼应，不能前后跳跃，隔隔断断。在结构上、表现形式上要有明显的层次感，让受众知道事情的来龙去脉。如由于什么原因，出现什么现象，将导致什么样的后果，该采取什么样的解决办法；或为了达到什么样的目的，要采取哪些行动；或者为了贯彻上级精神，采取了哪些措施，措施之间的关系是怎样的；要一环套一环、一句接一句、一层推一层。各层次之间、各段落之间以及层与段之间，逻辑连贯，有过渡，有照应，浑然一体。

5.语句准确、高度凝练

我们在谋篇布局时，要把提纲写得凝练，一般各级标题的语言都概括性强、内涵丰富，给人以想读下去的欲望，如"取得新成效""迈上新台阶""获得新突破"等。

6.力求工整、对仗严密

我们在谋篇布局时，大小标题最好是用同一个词语来统一，语句整齐、醒目、响亮。如用几个"着力""在……上狠下功夫""紧紧围绕""三个必须"等。

（二）结构的基本原则

1.遵从规律，顺理成章

安排结构必须正确反映客观事物的规律和内在联系。一切文章都是现实生活和客观规律的反映，现实生活和客观事物虽然曲折复杂，变化多端，但它们仍有其内在联系和固有规律。我们对这些"规律"和"联系"认识得越清楚，越透彻，反映起来就越清晰，越有层次。所以说，结构的形成一般与笔杆子的认识过程、反映过程基本上是同步的。如，一个问题总有内部的矛盾，认识、解决一个问题，就有一个观察矛盾、揭示矛盾、处理矛盾的过程，因此"提出问题—分析问题—解决问题"就成为议论类文章结构的逻辑顺序。所以，材料的具体结构无论怎样变化，都必须遵循事物的发展规律和内部关系，"顺理"才能"成章"。

2.服从主题，服务主题

如同打仗一切是为了完成作战任务，争取胜利，写作中安排结构一定要服从主题，服务主题。刘勰在《文心雕龙·附会》中指出："凡大体文章，类多枝派，整派者依源，理枝者循干。是以附辞会义，务总纲领，驱万涂于同归，贞百虑于一致；使众理虽繁，而无倒置之乖；群言虽多，而无棼丝之乱。"这里明确指出，为主题服务，既是安排结构的目的，也是安排结构的依据。

3.适应文体，把握特点

这一点比较容易理解。结构与文体的关系十分密切，由于不同文体都有各自不同的特点和作用，反映事物的角度、容量和表现形式等都有所不同，写作中就必然体现出不同的框架和结构。比如，即使是反映同一个内容（同一项工作），工作总结的结构层次是评价总的工作形势—工作开展的成绩、特点—工作开展的经验体会—工作中存在的问题—今后的任务和要求；而事迹经验的结构主要框定在了"工作开展的特点和主要方法"上。因此，我们要加强对各类文种结构的特点的学习理解和把握，在实际写作中合理遵循。

4.多姿多彩，富于变化

各种公文材料虽然有一定的结构形式，但并不是说有一个固定的模式。大千世界，变化无穷。各种事物千姿百态，各呈异彩。即使最简单的机关应用材料，也不是单一的、程序化的。我们在具体确立结构时，从内容到形式，都应该有它的特点和个性。这正像世界上没有完全相同的树叶，没有两张完全相同的面孔一样，每篇材料的结构也应是不可重复的。只有富于变化，文章的结构才能出新、出奇。结构多姿多彩，才能更好地表达复杂的内容，更有吸引力。写作，是一种最富于创造性的劳动，不仅不能踩着别人的脚印走，也不要总踩着自己的脚印走。追"新"求"变"是写作事业发展的动力。如果把写作程式化规定为"八股调"，那就违反了写作的初衷。

（三）结构的基本要求

材料是一个完整统一的有机体，所以结构中的各要素都必须相互联系、相互制约、相互依存，凡多余的、残缺的、支离破碎的成分都应当剔除。结构的基本要求是：

1.自然和谐

是指结构布局顺理成章，行止自如，没有人工雕琢的痕迹，更不是牵强附会地生拼硬凑。正如苏东坡所说："常行于所当行，常止于不可不止。"

2.完整圆和

是指结构布局匀称饱满、首尾圆合；文章各部分内容充实、衔接紧密，没有七零八落、残缺不全的弊端。首先是要完整，材料要做到开头部分、主体部分、结尾部分齐备，不可无故残缺。就是朱光潜先生所说的"有头有尾有中段"。其次是要饱满，材料的各个部分要相对饱满，不能干瘪空洞，给人局部残损的感觉。其三是脉络畅通，贯穿首尾，如有文气不能串联的地方，形成脱节断气，也会影响文章的圆满。这就是朱光潜先生说的"有一股生气贯注于全体"。在艺术创作中，有"只写残缺不写全"的说法，讲究点到为止，留下一些空白由欣赏者来填补，反而能更好地调动读者进行审美再创造的积极性。但是，这一做法在公文材料写作中不宜采用，公文的内容要求明确、实在，不能采用虚实相生、意到笔不到的写法。否则，将会给落实处理带来许多不便。

3.相互连贯

公文材料的各个部分之间，在内容上要相互连贯，井然有序，在语言形式上要有紧密的衔接和合理的过渡。一篇公文材料，不会是一个混沌的整体，必然是由若干层次构成的。开头、主体、结尾，就是公文材料的三大层次。其中，主体部分通常也不会只有一个层次，而是由既互有区别，又互有联系的几个部分组成。这些层次之间，不管是在内容上还是在文气上，都要有内在的联系。在外部的语言形式上，不管采用序号衔接还是采用自然过渡，也都必须自然流畅。

4.逻辑严谨

是指结构精严缜密，无懈可击。表现在文章的内容上是严密的，没有挂一漏万、顾此失彼的情形；组织上是严密的，没有颠三倒四、破绽百出的现象；判断推理是严密的，没有以偏概全、自相矛盾的现象。材料的各个部分之间有严密的逻辑联系，既不能出现前后内容互不相干，也不能出现前后内容相互矛盾的现象。这些问题都属于逻辑混乱，结构不严密。材料的部分与部分之间，或呈现因果关系，或呈现主次关系，或呈现并列关系，或呈现表里关系，各部分互相弥补、互相协助，而不能互相矛盾、互相拆台。

5.整体统一

是指结构的形式和谐，脉络清楚，文气贯通，文章浑然一体。要具有环环相扣、牵一发而动全身的特点。注意上下文要连成一体，材料的各部分在内容上与脉络上要相互贯通，协调一致，从开头到主体，从主体到结尾之间，要有紧密的衔接和合理的过渡，自然形成一个整体。各部分之间没有前后割裂之感，没有上下怪异之病。

以上就是结构的原则和要求，我们只有了解了这些，"打起仗"来才会有所遵循，有所规范，有所牵引，就会沿着正确的轨道，向着胜利前进。

（四）结构的主要类别

机关公文材料写作不同于艺术创作，可以采用情感走向式、意识流动式、两条主线式等方式来确立结构，可以凭作者主观意向构思文章，机关公文材料构思要求必须符合党的路线方针政策和上级精神，必须符合事物发展的一般规律和内在关系，必须具备指导性。主要有以下几种确立结构的方法：

1.时序式

这种方法，即反映材料的思想体系是纵深发展的。

一是按时间前后顺序安排的纵式，如我们写的大事记，就是按时间顺序安排的纵式结构。

二是按事件发展过程安排的纵式，如专项工作进度情况报告、专题调查报告等，多采用这种安排。

三是按事理层次安排的纵式，即按照事物的内在联系分层次地组织结构，如主从、因果、总分、种属等关系，在报告、方案、会议纪要等文体中，多采用这种形式。

在按纵式结构安排文章层次的时候，最容易犯的一个毛病就是记流水账。因为这种结构的文章，要按时间顺序或事情发生的先后来安排段落，容易把一段时间里前后发生的事情不分巨细地都记叙下来，把事情的过程和事理层次都毫无遗漏地重述一遍，这样，不但材料必然写得过长，而且也会冲淡中心，不能反映事物的本质。

时序式是以事物的发展顺序、解决问题的步骤等为依据，一个层次就是一个阶段、一个步骤。采取这种结构的优点是有利于探索每个阶段、步骤的特点，揭示出每个阶段、步骤的经验教训或有待解决的问题。连贯起来，可以展现其发展变化，使整篇材料连贯自然，具有清晰明朗的时空感。

在运用此种方法确立结构时，尤其要注意不要走进"前者前、中者中、后者后"记流水账、呆板阐述的误区，同样要讲究起伏变化，要把所写内容采取优化组合的方式分配到各个层次当中去，使结构尽量灵活多变。

2.并列式

按素材的性质归类，即把同一类型的素材归为一类，各层次之间形成横向并列的关系，分别从不同的侧面、不同的角度，表现工作状况，或揭示观点，或展现经验等。

这种方式的优点是：每个层次都相对独立，每个层次平起平坐，没有更多的牵扯，利于独自表达丰富的内容。这种方法使思路在横向上向左右拓展，使材料表达更具广度和深度，在机关公文材料中比较常见。在并列式结构安排材料层次的时候，最容易犯的一个毛病，就是把认识对象或记叙主体的一切属性或一切方面不管有无需要，都像开中药铺似的列举出来，因而在材料的体例上，容易出现一个近乎畸形的大肚子，使人读后得不到要领。

综合性工作总结、调查报告、工作会议纪要、讲话稿及内容复杂一些的公文，常用这种结构形态。这种分层并列，即将所叙之事、所言之理、所发之论，以一篇公文的主旨，即它的基本观点、中心思想为"轴"，分作几个角度即几个层次相对并列展开，在每一个层次的上面，通常或是有一个独立的小标题，或用（一）、（二）、（三）展开。这种结构形态，很像一个折扇展开后的半圆形扇面，又似"孔雀开屏"，它所反映的公文思想是横向展开。

例如毛泽东同志的《湖南农民运动考察报告》《中国的红色政权为什么能够存在？》等文章，就是采用这种结构形态的。

3.时空交叉式

这是一种把纵式与横式结构结合起来，纵横组织材料的方法。这种结构形式相对来说比较复杂，一般多用于表现事物多样的、交叉的、互动的内部关系。这种结构方法，容易立体地揭示事物，多角度、多方位考虑问题。

总体上说，这种结构比较复杂，我们要在学习实践中逐步体会把握。

4.递进式

这种结构方法是按事物内部联系来划分层次，各层次之间组成层层递进或相互作用的关系，是循序渐进式地铺展开来的。这种方式反映了人们认识事物的思维进程和思维方式，使材料的表达具有很强的逻辑性。这种结构的具体形式也是多种多样的：有的从"摆出事例—分析实质—带来启示"来安排层次；有的按"提出问题—分析问题—解决问题"来展开；有的按"现状—原因分析—出路与对策"来划分层次；有的按"是什么—为什么—怎么做"的顺序来安排；有的按事物发展规律和内部相互联系的几个方面，采取"由表及里、由简到难、由小到大、由浅到深、由低到高、由轻到重、由窄到宽"逐步分析、解决问题的方法来安排层次，一步一步地加以表达。下一个层次是上一个层次的持续与发展，上一个层次是下个层次的基础与前提，形成步步进逼的局面。这种结构形态的优点是循序渐进，步步深入，顺理成章，合乎自然等。

机关公文材料写作中确立结构的方法还有很多，可以说是多姿多彩，如：撷要分条式——"天鹅下蛋"；篇段合一式——"单枪匹马"；条项贯通式——"一字排列"；文中有文式——"枪里加鞭"；章条款分列式——"下楼梯"；正反对比式——"泾渭分明"；问题相扣式——"珠联璧合"；等等，限于篇幅，这里就不再一一分析了。

（五）结构的内容设计

1.开头和结尾

开头，是公文材料的起始段落，简洁地概括主要内容，以使受文者一目了然地了解公文材料主题，及时快捷地阅读和处理公文材料。开头是公文材料结构的起点和入笔处。好的开头，不仅是全文思路展开的关键，而且也是领起全篇的序幕，能显示出事物发展的内在脉络，为全文定下"基调"。写开头时应做到：一要从公文材料结构的全局出发，与下文衔接自然，格调一致；服从主题的需要，紧扣题意，尽快入题。二要新鲜、生动，富有吸引力，启发受文者思考。三要言简意赅，凝练明晰，以较少的文字表达丰富、明确的内涵。

结尾，是公文材料的收束段落。公文材料结尾一般要与其开头相呼应。结尾要求自然、简练、直接，言止意尽，不需要留有弦外之音。结尾是结构布局的一个重要组成部分。好的结尾可以起到或总结全文、深化主题，或反扣全文、深化理解，或首尾照应、揭示主题，或提出希望，鼓舞人心等作用。文种不同，其开头结尾亦有所不同。

2.观点和材料

要用观点统率材料，材料论证观点。对材料要进行剪裁，取其最典型最能说明问题的部分来论证观点；对材料要进行分析，从分析中揭示出材料与观点的内在联系。论证的方法有分析、综合、演绎、归纳等，要根据不同的观点和材料选用不同的论证方法，不要通篇都用一种方法，使文章没有变化；也不要平均使用力量，对重要的或新的观点要多下些功夫，一般的观点简要论证或不论证。实际上许多公文尤其是下发的公文材料，在许多地方只讲观点，只讲怎么做，不过多讲为什么这样做，这并不意味着收集与整理材料白费了，因为观点必须建立在材料之上，观点的背后必须有材料支持，材料已经发挥了作用，只不过没在公文中显示罢了。这正好比大树长在地面，而支持它的根却在地下。

3.层次和段落

公文材料结构最基本的要求是做到层次清晰、段落分明。

层次，指公文材料的逻辑组成次序，也就是公文材料各部分内容表现的次序。它是根据事物发展的阶段性、客观矛盾的各个侧面以及作者认识和表达问题的思维过程，将公文材料划分成各个组成部分。这些组成部分反映了若干层意思，每层意思就是一个层次。层次又叫部分、大段或意义段，层次的基本类型及划分方法有：

（1）纵向层次。它是指公文材料层次以纵向形式展开，通常有以下几种：一是按公务活动发展的时间为序。即按照公务活动由先到后实施的时间顺序来划分层次，大多用于叙述人物经历或事件发生、发展的过程，以时间为"中心线"进行叙述。这类结构布局多用于汇报单项工作情况的工作报告、调查报告、情况通报、简报等公文的写作。二是以撰稿人的认识过程为序。这是沿着作者思想认识的发展过程来安排层次。它是作者在掌握了客观事实材料后，按照科学的"思维线"和特定的写作方法来进行的。该法多用于情况报告、调查报告等文种的写作。三是以逐层深入的论证为序。这种层次划分首先是提出观点和问题，然后分别举出事例，围绕中心论点或问题逐层深入地论证，最后达到问题的解决。该法多用于请示、报告、指示、计划、会议纪要、决定等公文的写作。

（2）横向层次。指公文材料层次以公务活动发展的空间地点的变换或以事物不同性质的分类来展开。常见的有以下两种方法：一是以空间地点的变换为序。这是一种主要以空间方位的变换划分层次的方法，大多用于叙述事物空间分布（事件发生前后的地点、环境、建筑物等），说明事物的形态、构造。二是以材料性质的分类划分层次。即将众多的材料按性质分类，相同的归在一个层次里，这类公文层次间的关系是并列式的。

（3）纵横向层次，或叫综合式层次。指公文层次以纵向和横向相结合的形式展开。这种划分层次的方法，是以时间推移为序，从纵的方向划分层次，把事件的发生、经过和结果告诉受文者，又以空间方位的转换为序，从横的方向划分层次，把同一时间、不同地点发生的各种事情告诉受文者。纵横式结构主要适用于内容非常丰富、问题头绪较多的一些大型综合性工作报告、调查报告、讲话稿等公文的写作。

公文中不同层次表达的其他常用方法有：一是使用逻辑小标题表达。例如，《中共中央关于加快农业发展若干问题的决定》的第一个层次即用四个逻辑小标题来表达："统一全党对我国农业问题的认识""当前发展农业生产力的二十五项政策和措施""实现农业现代化的部署""加强党和政府对农业的领导"等。二是使用数词表达。四级逻辑层次采用四种不同格式的数字，第一级：一、……第二级：（一）……第三级：1.……第四级：（1）……三是使用词或词组表达。首先，……其次，……再次，……；第一，……第二，第二，……；会议认为，……会议同意，……会议决定。……四是使用标点符号表达。如分号"；"表示复句中不同分句层次，破折号"——"表示分项陈述等。

段落，是公文材料结构的基本构成单位，又称自然段。其作用是表达思维进程中的间歇、转折。它既是连缀若干句子而成的、集中表达一层意思的话语片段，又是撰稿人根据自己的思路：由公文整体结构中析出的、处于由句子到篇章之间的一个不可缺少的过渡单位。一个段落一般表达一个意思，并尽量把一个意思在一个段落中表达完毕。划分好段落，一是能逻辑地表现公文的层次，使公文材料的脉络清晰；二是能起某种强调作用，引起受文者的注意；三是能使公文材料眉目清楚，有行有止，便于受文者阅读、思索和理解。

划分公文材料段落要求做到：单一、完整、清楚、长短适度。

常用的段落安排方法有：一是按类别分段，即将公文内容分成不同的类别，每一个类别独立成为一个自然段，其意义相对独立，各段落内容不得交叉或重复。通常将段落的中心内容概括成一个句子，称为主题句或段旨，并将其置于段落之首，以便醒目地揭示段落意义。二是按条项分段，即每一条款安排一个段落，条款内容之间不得交叉。常见于条例、规定、办法、合同、协议书等公文中。如《党政机关公文处理工作条例》中就采用分条列款的方法来交代公文种类、行文规则、收文处理、发文处理等各项内容。三是按操作步骤或程序分段，即将工作进展的每一个程序或操作步骤作为一个自然段落，独立表达一定的意义。在科技类文件的写作中经常如此。如一份产品使用说明书就按其性能、操作、故障排除等工作流程中的具体操作步骤来安排段落。

公文材料的层次和段落之间是密切联系的。多数情况下，段落要小于层次，一个层次由两个或两个以上的段落组成，共同表达一个层次的意义。但有时一个段落就是一个层次，独立地表达一定意义。个别情况下，段落大于层次，如篇段合一式的段落就是如此。在安排公文材料段落、层次时应根据实际需要灵活恰当地处理。

4.过渡和照应

作为公文材料结构的内容之一，过渡和照应是使公文材料上下文之间转换、衔接、贯通，以形成有机整体的重要手段。巧设过渡和照应，可使公文材料结构严密、脉络通畅。

过渡，指公文材料上下文之间的衔接和转换，具有承上启下的作用。它是连接层次、段落和语句之间的纽带。公文材料正文中各个部分之间的过渡承转应该力求做到自然、流畅，这就需要用一定的方法来联系和衔接各个段落和层次，这就是过渡的安排。

公文材料写作中过渡安排的常用方法有：

（1）选用过渡词。过渡词是承接上文转入下文，或上一个段落和层次转入下一个段落和层次的关联词语。如表示语意转折的"相反""与此不同"，表示递进的"更加""而且"，表示总结的"总之""由上可见""由此可见""综上所述""有鉴于此""因此"，表示指代的"此""这样"，表示强调的"尤其""特别"等。恰当使用这些词语可以使上文对事实的介绍、叙述转为作者主张的阐发、议论或总结，从而自然地承上启下。

（2）使用过渡句。过渡句是用于前一段之末或后一段之首以提起下文或承接上文的语句。如使用"按照上级文件精神""经××人民政府同意，现将××工作进展情况通报如下"等句子，使上一层次的内容自然转接入下一层次的内容。

（3）插入过渡段。即用一个自然段连通上下文，前面说的内容，后面应有补充、强调或说明；针对后面说到的内容，前面应有所交代和提示，以便保持公文各部分、各层次之间的联系性和整体性，使公文前后照应，文气畅通。如公文中的由成绩过渡到问题，或由问题过渡到经验体会处常用"尽管取得了不少成绩，但也存在一些问题"等句过渡。

照应，是指公文材料内容的前后呼应和关照。合理而巧妙地运用照应手段，能使公文文脉贯通、章法灵活，还能使某些关键内容得到强化，加强受文者对公文重要内容的印象和理解。

公文材料写作中照应的常用方法有：

（1）文题照应。即公文材料内容与标题要相互照应，以突出公文主题。尤其是公文材料正文应始终紧扣公文标题中所简要概括表达的主题内容，以免出现文不对题的现象，使受文者产生误解，从而影响对公文的理解、办理和执行。

（2）首尾照应。即公文材料的开头和结尾要密切关联，相互呼应，使首尾内容相互贯通，从而自然地形成一个结构整体。在意见、请示、工作报告、通报、发言稿等文种的写作中常常使用这种照应方法。例如，一份"意见"在开头部分简要地说明了发文目的和提出面临的问题："目前，在……工作中存在……，为了……，解决××××、××××等单位面临的……问题，经深入调研，我局提出以下意见："此文结尾部分再次提出发文要求和强调行文目的："……以上意见，如无不妥，请批转××××、××××等单位执行。"针对开头提出的问题，结尾部分在提出解决的意见、对策后请求转发此意见，公文首尾呼应，主题突出。

（3）前后照应。即公文材料前面提出的问题在后面应做出相应的回应，以保持前后文在结构和内容上的连续性、完整性。即在行文中注意围绕所叙述的中心内容，随时进行合理的照应。在层次间、段落间，甚至段落中，随时进行有机的联系，忌写了前面忘了后面，或写了后面而不顾前面。有时照应也体现为对某一重点句的反复，以加深印象，强化主题。例如，在一份《关于××粮油公司经营亏损情况的通报》中，首先介绍了严重的亏损情况，指出现存的问题及其严重性，随后一一分析这些问题并提出了解决的原则和措施。这样，文件前后密切相连，层层递进，行文十分紧凑。

5.主次和详略

详写，是指公文材料中对那些最能说明问题、最能表现主题的地方用稍多的文字，表达得充分详尽。略写则是把公文材料中的次要内容、分量较轻的材料写得概括些、简短些。

主次，是公文材料各部分内容在全文中所占的主要或者次要的地位和所起的作用。居于主要地位和发挥主要作用、分量重的部分为主，其余为辅。撰写公文应分清主次轻重，这样可以避免公文平淡呆板，使公文内容轻重凸显，产生较强的跌宕起伏的表达效果。如果不明主次，不分轻重，公文必定显得零乱芜杂。另外，各个层次毫无主次地均匀用力，公文往往很难引起受文者的阅读兴趣。公文内容的主次之分直接表现为内容详略的安排和篇幅长短的控制。

详略，是指公文材料中哪些该详写，哪些该略写。公文材料写作讲究开阖自如，详略得当，以使公文材料写得有疏有密，疏密相间，这样不仅能使主题突出，主次分明，而且还能使公文错落有致，匀称和谐。详写和略写的基本原则是：

根据主题表现的需要决定详略。即在公文材料写作中，对表现主题关系大的内容要侧重突出，浓墨重笔，详细叙写，其他略写。

根据公文体裁处理详略。如报告类公文，要重在揭示事件的意义，用事实说话，故能突出表现思想意义的情节、细节及有关事件的内容要详写，其他略写。而议论性较强的公文，如指示，要提出问题、分析问题和解决问题，重点在分析、解决问题，这两部分要详写，而对有关材料的叙述要概括简要，即说理要详，叙述要略。

根据受文者的理解和需要程度确定详略。即在撰写公文材料时要根据受文对象的需要及其有关特点、条件，确定公文内容的详略。一般来说，对受文者有用的，或受文者阅后要作出必要反应的，要有针对性地对欲强调内容进行详写，其他略写。若受文对象不明，侧重点不清，详略倒置，则会适得其反。因而，了解受文对象是确定详略，写好公文的一个重要依据。

公文详略安排的主要方法有：

一是"点"详"面"略。"点"是指重要的、富有特色的、引人注目的典型情况，"面"是指横向展开的各个方面的情况。一般"面"上的情况应以概括的方法粗笔勾勒，而"点"上的具体情况则应详细表达。如在工作报告、调查报告、市场调查报告中就经常运用点面结合的写法，先用简短的文字概括某一工作或对象的总体情况，然后引用具有典型意义、特点突出的事例等来说明主题，以点为主，以点带面，点面结合，使公文既具有广度，又具有深度。

二是"实"详"虚"略。"实"是指工作情况、典型事例、数据等材料，"虚"是指认识、道理、看法等观点。由于公文的针对性和实用性较强，因而其观点要少而精，材料要实而详。无论是部署工作，还是请示工作、反映情况，都应把具体情况、措施和事项写得详细些，而长篇的大道理、空洞的议论要少写些，避免那种念起来朗朗上口、听起来铿锵入耳，而执行起来却难以落实的公文。

三是"主"详"次"略。从表现公文材料主题的角度来衡量，主要的、重点的内容应详写，次要的应略写。如一篇科研项目可行性论证报告应详细表现项目的可行性论证，而人员构成、研究现状等应略写，以使该科研项目能够达到通过论证予以立项的目的。

四是"新"详"旧"略。新情况、新事物、新经验、新问题代表了事物发展的最新动态和趋势，具有较高的参考利用价值，有助于体现公文主题的现实性和时效性，因而应写得详细些，而一些众所周知的情况可以简略些。如某高校一篇反映学生管理工作的报告写了四个方面的经验，其中一个方面是公开选拔"优秀学生助理"参加学校各部门的日常管理，以提高学校管理的民主化和培养学生能力，这是一个新经验，做法是有特点和新意的，应详细介绍；而党课学习、学生社团活动、读书活动等是常规性的工作，不应作为主要经验来写，在文中应略写。

6.起承与转合

起与合，指的是公文材料的开头与结尾；承与转，指的是文章内部的连接与过渡。

公文材料就像一部机器，起承转合就是装配的技巧。装配得好，公文材料自然流畅，浑然一体，读起来朗朗上口。起承转合是公文材料的基本技巧，过去八股文考试，讲究的就这四个字。起要开门见山、直奔主题，承要顺水推舟、自然平顺，转要看风使舵、力挽狂澜，合要水到渠成、干净利落。一般的公文材料都有自己的行文套路，难度不是很大。只要多学习、多揣摩、多写作，是不难掌握的。值得注意的是，起承转合不仅仅体现在公文材料的构架中，体现在段落与段落之间，还体现在句与句之间。有的人写的公文材料，上下句之间没有必然联系，不讲承转关系，生拼硬凑，使人读起来佶屈聱牙，十分难受。这是写作之大忌，一定要戒之再戒之。

三、列提纲

我们明确了结构的原则要求，接下来就是列提纲。说明白一点，谋篇布局就是列好提纲。提纲对公文材料的起草起着规范、引领、提示和备忘的作用，有了提纲作为写作的 "蓝本"，其他 "施工" "备料" "填补" 和 "装修" 等就容易了。

提纲越详细越好，至少要列到三级目录。

常用法定公文，可依照范文的样式，依葫芦画瓢。范文分了哪些部分，每个部分几点，按照这个惯用模式写就可以了。大型文字材料的提纲就比较复杂一些。

（一）提纲写作的要求

提纲是公文材料结构的蓝图，是全文的框架、轮廓、大纲，是安排公文材料逻辑结构的全面表现形式。通过写提纲可以理清公文结构的一系列问题，如何开头、怎样结尾、标题推敲、段落安排等，从而减少写作过程中的盲目性和随意性。

公文材料提纲的写作应该符合三个要求：

1.要完整严谨

公文组成要素或部分思想，要和其思想体系相称，部分与整体之间，部分与部分之间，前后之间都要有逻辑关系，使之首尾一致，保持连贯性、完整性。

2.要层次清楚

思路清晰，段与段之间、层次与层次之间具有必然性，前后衔接，切忌语意断止、跳跃和互相对立。同时，层意要明确，不得重复，层与层之间既互相连贯，又相对独立。

3.要中心突出

材料取舍、次序安排都要服从如何更好地表现中心思想的需要，主题必须贯穿全文，首尾呼应。行文要抓主要矛盾，对重点问题详写，尽量展开；对次要问题略写，高度概括。切忌不分主次轻重平均用墨。

（二）提纲的基本写法

毛泽东同志非常重视提纲的写作。他的许多讲话稿都会写一个提纲作参考。阅读他所写的公文，可以感受出其公文结构之美，或主题明确，开门见山，条理清晰，首尾圆合；或直中有曲，跌宕顿挫，章法多变，错综和谐；或点轴扇开，层层进逼，守破有别，因情制宜。如何编写提纲？其基本方法是三个基本确定：

（1）中心论点和写作思路要基本确定。这是写作的关键，首先要弄明白。包括总体结构和主要层次要基本确定，写几层意思，心中要有数，不然就乱了。

（2）开头结尾的论证顺序要基本确定。先说什么，后说什么，条理清楚，让人一看就明白。

（3）主要材料和骨干事例的使用要基本确定。也就是举事例，举谁不举谁，先举谁后举谁，都要思考清楚。

确定以上三项内容，就可以达到结构合理，层次清楚，观点明确，材料安排得当。具体说，编写提纲一般是由粗到细，由抽象到具体，由标题到观点，由观点到材料这样一个逐步完善的过程。

要拟定一个好提纲，需要善于把控全局，善于总结提炼，善于组织语句。任何复杂的建设工程光有所需的材料还不行，在正式施工前都还需要科学的设计。材料写作作为一种复杂的精神生产，则需要写作主体精心的结构。而且，由于材料写作的创造性和精细性的要求所决定，这种结构的确立可谓整个写作成败的关键，也是整个写作过程中最为艰辛的阶段，需要倾注更多的心智。

提纲是写得粗一些好，还是细一些好，这要看笔杆子写作习惯和对公文所涉及观点内容的熟悉程度。供征求意见的提纲，一般要求写得详细一些，要有明确的段落划分，需要划分章节的，要拟出章节题目，写明每一章节的要点。

拟写提纲一般分四步进行：

第一步，归类材料，就是对搜集的材料进行"梳辫子"，进行"合并同类项"；

第二步，归纳观点，就是从具体材料中抽象出共同的本质属性，形成比具体材料更高层次的更高认识来；

第三步，调理顺序，就是安排先后次序，确定先写什么，后写什么；

第四步，修改补充，就是使提纲进一步充实、完善。

具体到实际工作中，提纲的写法可以分七步走。

第一步：根据上级任务，定好文种；

第二步：对照上、下情，确定主题；

第三步：理清基本思路，选择方式；

第四步：围绕主题展开，拟定分观点；

第五步：依据所列观点，列出例证；

第六步：考虑一头一尾，过渡照应，起承转合；

第七步：通观全篇行文，调整修改。

（三）提纲的主要形式

1.标题式

用简洁的标题形式把材料的各部分的内容要点概括出来。这些标题往往直接成为材料中各部分的小标题或某一段中所要撰写的核心内容。这种提纲对材料内容的概括简单明了，便于记忆，但在起草材料初稿时，还需要进一步具体化。

2.提要式

用较完整的句子把材料各部分的内容要点展开，对材料的内容作粗线条的阐述。这些句子在起草初稿时往往直接写进材料，成为某一层次或段落的段旨。因此，提要式提纲实际上是材料内容的概括，具体明确，起草材料时就会比较省事。

3.图表式

用图表的形式把材料各部分的内容要点概括出来。这种形式大都同提要式或标题式结合在一起，使材料各部分之间的逻辑关系一目了然，起草材料时更容易把握思路的来龙去脉。

四、重关键

国务院发展研究中心原主任王梦奎曾经提出写文章"粗枝大叶"很重要："粗枝大叶"，当然绝不是说，写文章可以粗心大意，文章可以有疏忽和漏洞；而是说，要注重大的轮廓和脉络。要先把文章大的结构和布局搞清楚，把文章大的框架立住。

（一）主题明确，立意高远

主题是文章的灵魂，是文章的纲。一篇材料不论有多少个层次，形成多么复杂的格局，都应"以纲统目"，整篇材料的结构才能严整。如果离开了表现主题的需要，那么轻重、大小、疏密、详略等就一律失去了依据，材料"谋篇布局"就没有了准绳。安排材料的谋篇布局，就是要在中心意思的指导下，根据材料与主题的逻辑关系，来确定它们在文中相对的地位和次序。一篇好的材料，一般都逐层深入地突出中心，大大小小的道理都连接得非常紧密，读起来有一气呵成之感，层次关系就藏于内容之中。思路不清，材料层次就会混乱。

（二）风格明晰，文脉流畅

一篇好的材料，从内容到形式，都应该有它的风格，有它的个性，不能有固定的死板模式。写作是最需要创新精神的，追新求变是文章的天性。一篇材料在谋篇布局时，如能精细地考虑到开头、结尾、过渡、照应等问题，下笔成文一定流利顺畅，并能较好地达到理想的境界。由于材料的场合不同、对象不同、风格不同，材料的布局也各不相同。因此，在考虑材料布局的时候，既要注意到思维的逻辑性，使材料的组织严谨而周密，又要注意到思维的灵活性，力求新颖而富有变化。当然，只有对内容精心思考，再动笔写作，才能写出结构严谨，逻辑性、条理性强的材料。

（三）亮点独特，特点突出

文章的谋篇布局，没有"万能定律"，"文无定法"，但必须有自己的亮点，通常体现在立意准确、观点独到、结构新颖、选材独特、用词优美、有新意、有深度、有条理、有启迪，这也是文章写作的重点与难点。以精心构思每一个标题为例，不管是一级标题，还是二级标题，凡是标题，都非常重要。它既可以提示标题下的主要内容，也可以让材料层次更分明、更美观。构思小标题，除了重点考虑内容外，也要讲究美感，讲究和谐。最好就每个同级的标题都采取相同的格式，如统一用动宾搭配，或主谓搭配，字数最好能基本一样，长短搭配也最好基本一致。这也叫材料结构的"建筑美"。笔杆子不仅要求写出的材料内容丰富，言之有物，还要讲究一种美观，让别人看你的材料在享受文字的美。更为重要的是，一篇材料读下来总要让人记住点什么，这实际就是材料的精彩之处。

　　总之，谋篇布局的最终目的就是使材料能言之有理，言之有序，言之有物。这也要求笔杆子的思维要有条理性、贯通性和严谨性；立意高远，有思想高度和理论深度；能分清先后顺序，有条不紊地表达思想；合乎逻辑，合乎人们的思维形式；思想脉络细密周严，没有缝隙漏洞，有较强的综合分析能力。

填 "肚子"

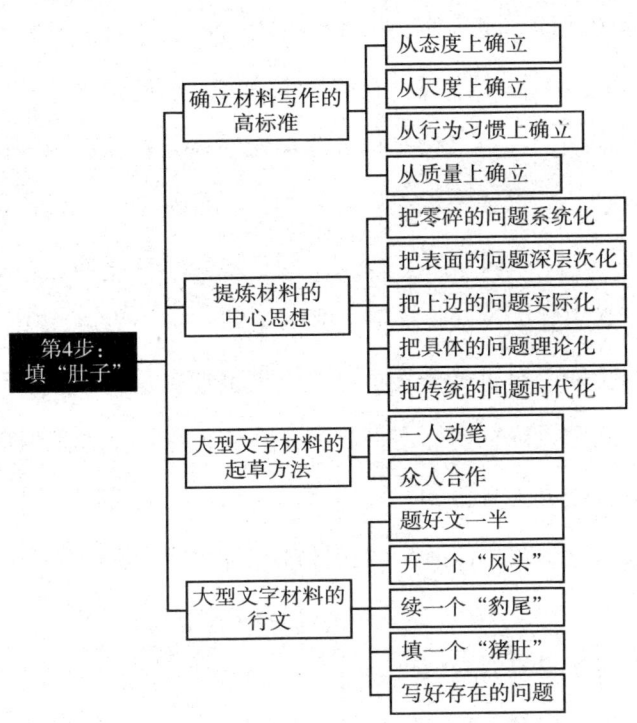

填 "肚子"，是公文材料写作的重点。这里面包括标题的写作，开头和结尾的写作，主体部分的写作以及遣词造句等。为此，我们首先要确立材料的标准，提炼好思想，才能保证内容写作的正常进行。

一、确立材料写作的高标准

材料写作犹如建造房屋，在准备好了所需要的各种材料，进行了精心的结构设计之后，就该付诸施工了。写作的过程就相当于根据图纸建造房屋的施工阶段。

在机关，笔杆子都希望自己所写的材料能得到这样的评价：这篇材料标准很高。但往往事与愿违，我们经常听到的却是这样的话：标准怎么老是上不去呢？这个标准还不行！

实际工作中，我们也确实会感受到，有些材料粗枝大叶、粗心大意、粗制滥造，不讲质量，标准不高。有的信手拿来，胡乱拼凑，乔太守乱点鸳鸯谱；有的一味求快，心浮气躁，程咬金动辄三板斧；还有的照搬照抄，毫无创新，"涛声依旧"，以致观点失误者有之，以偏概全者有之，挂一漏万者有之，至于层次不清、文理不通、表述不当，也是司空见惯。如果用这样的材料指导工作，必定害人不浅。尤其是随着形势任务的发展变化，工作节奏的加快，作风的转变，对机关公文材料的要求也越来越高，如果我们在写作中不能克服上述问题，确立高标准，势必会降低工作效率，无法适应工作岗位的需要，更不可能成为真正的"大手笔"，有时甚至会造成不良影响和危害。所以，我们在进行主题写作前，确立材料的高标准就显得尤为重要。

（一）从态度上确立

受领材料的写作任务后，我们可能会存在以下几种态度：一是下功夫精益求精地完成写作任务；二是基本完成写作任务；三是完成的写作任务自己满意；四是写出的材料领导满意；五是胡乱应付了事；等等。

有人会选择一个答案，也有人会选择几个答案，还有的人写不同的材料、在不同的环境下会选择不同的答案。思想是行动的先导，态度是完成任务的基本条件。不同的态度会引发不同的行为，直至产生不同的结果。可以想象，如果选择后四种答案，不论是单选还是多选，我们都将无法确立高标准。因此说，对待写材料的态度是确立高标准的根本，不解决这个问题，其他就无从谈起。

首先，从态度上确立材料写作的高标准，并不是能立竿见影的，它需要笔杆子在写作中不管什么时候，不管遇到什么样的情况，也不管接到什么任务，首先都要想到"语不惊人死不休""不出精品不罢休"，下苦功夫，下真功夫，下硬功夫，只有这样，才能在精益求精的道路上迈出第一步。

其次，确立高标准的态度，也是建立在我们对机关公文材料的地位、作用、要求有着清醒的认识上的。一篇材料，通过领导讲出去，通过有关渠道发下去报上去，代表的就是本级机关，而不是个人的意见了。

最后，是建立在对文字工作有着强烈的事业心、责任感和无限热爱的基础上的。不热爱写作，没有思想，懒于动笔，是永远也写不出好材料的。因而，写作态度是我们撰写公文材料的基础，是一个以提高认识为主线，循序渐进、不断修正的过程，需要在实践当中不断地培养和磨炼。

（二）从尺度上确立

标准都是相对的，用一句广告词来形容，那就是"没有最好，只有更好"。但每个事物的标准都有它具体的尺度，机关公文材料亦是如此。当然，衡量不同文种的材料是不是高标准，均有其相应的尺度，但是它们也有共同的尺度。材料写作中，我们往往对材料的高标准存有模糊认识：有的认为层次清楚，把问题说明白了就是高标准；有的认为字词准确，没有病句、没有错别字就是高标准；有的认为思路的展开和标题的表达深刻、思想性强就是高标准了；还有的认为领导签上"同意"二字就是高标准了。以上这些都是片面的、不完整的，有的甚至是脱离了材料谈标准，都不能说明机关应用材料高标准的共同尺度。

我认为机关公文材料高标准的共同尺度可以概括为六句话：主题准确意图明、层次清楚逻辑强、观点鲜明思想深、详略得当主次清、语言生动表达准、紧贴实际有创新。这六句话说起来容易，做起来却需要毕生的时间。当然，这个尺度也只是一个总体的归纳，在实际写作中，还应具体问题具体分析。举个不太恰当的例子：考试时，如果自己的目标是60分，估计最后的成绩是不及格；如果自己的目标是100分，考80分以上应该问题不大。由此，我想到，在起草材料之前，我们的脑海里要有一把"尺子"，这把"尺子"标准要高。这样材料的高标准也就瞄准了方向和目标，也就有了依据和遵照。

（三）从行为习惯上确立

态度端正了，脑海中尺度有了，下一步，高标准就要在实际行动中体现了。这是确立材料高标准的关键一环，也是在态度和尺度上确立高标准的外在体现。

1.要虚心请教

有些材料在我们自己手里觉得已经无可挑剔了，但是让别人看，让"大手笔"看，可能就欠了火候，甚至是成了"垃圾"。

2.要反复修改

俗话说，文章不厌千回改，好文章是改出来的。只有不断地修改，标准才会不断提高。要养成"检验"的习惯，每写完一篇材料（也可以是一段、一个观点）后，都用我们前面说的"尺子"去量，然后该"取长"的"取长"，该"补短"的"补短"，反复几个回合，材料的标准自然就上去了。

3.要养成"回头看"的习惯

初写材料时，认为最后一道工序或是上传，或是下发，或是领导照稿宣读就万事大吉了，这样是无法进步的。有个基本经验可以借鉴：凡是出自自己手中的领导讲话稿，都一定去现场听领导宣读；下发的材料都要征求下发单位（个人）的反馈意见；隔一段时间就把以前的材料拿出来看一看，好的好在哪里，差又差在哪里。

4.要养成"较真"的习惯

中华民族的语言文化源远流长、博大精深，有时多加一个字，去掉一个字，整句甚至整段的效果就大不相同了，更别说一句话、一个观点了；而且机关公文材料一般具有很强的指令性和严肃性，文字必须准确。所以，材料写作要做到精益求精就必须较真，哪怕是一个标点符号也不能忽略，要反复推敲，反复论证。

（四）从质量上确立

突破一般化，写出质量高、分量重、影响大的材料，是笔杆子孜孜以求的事。但是，写材料难，写出高质量的材料更难。"自古文章无定格"。综合材料写作"前辈"们的经验，写出高质量的材料，有很多要求，有五个字可以概括，即新、高、深、活、实。

1.突出一个"新"字

机关公文材料的新，主要体现在内容有新意，即有新的情况和新的见解。但仅仅内容有新意，而缺乏恰当优美的形式来表达，新的内容也难以引起人们的注意。因此，要写出新意，在写作方法上一定要抓住结构和语言两个要素。机关材料的基本结构是"三段式"，即是什么、为什么和怎么办，但就一种文体、一份材料的具体结构来说，则是多种多样的。在问题的提法上，内容的安排上，段落的衔接上，观点和材料的配合上，都要勇于打破旧框框，创造一些新颖的形式。语言新，就是要尽量使用那些适合材料特点的新鲜话和"自己的语言"，尽量少用那些老话、套话和过时话。

2.突出一个"高"字

从一般意义上讲，衡量一份材料质量的高低，主要看其思想高度如何。因而，要抓住事物的本质。深刻，就是对事物的透彻认识，透过现象抓住本质，揭示出事物的内在联系。而不是局限于事物表层的肤浅的东西，表述一些皮毛、零散的现象。同时，要注重在理论和实践的结合上把道理讲深讲透。一份材料的思想高度，主要体现在观点的锤炼和道理的阐述上。要从理论与实践、观点与事例的结合上，把道理讲得鞭辟入里，材料的深度就出来了。这是一件十分重要并有很大难度的事情，非得反复推敲，苦苦思索不行。

3. 突出一个"深"字

这里所说的"深"，就是通常所指的材料的深度，善于透过现象看本质。要想使自己所写的材料具有一定的深度，要站在党和国家的路线方针政策以及上级指示精神的高度上看问题，把材料与最新的政策和指示融会贯通起来；要符合写作任务的要求，符合领导集体根据党和国家的路线方针政策等解决问题时形成的具体意见、主张和办法；要站在全局的角度看问题，例如，写市委书记、市长的讲话稿，就要站在市委书记、市长的角度上，而不能站在作者自身的角度上，写经济工作的综合性总结材料，就要站在整个经济工作的角度上，而不能站在业务部门的角度上；要辩证地分析看待问题，不能攻其一点、不及其余，突出重点不等于片面性，要讲清事物在全局中的地位和作用，以及同其他事物的区别和联系，观点鲜明，道理深刻，材料就有了深度；要着眼于实践中的新情况、新问题、新做法，总结新经验，实际工作能力逐步提高，实际工作水平提高到一个新的层次，发展到一个新的水平，反映到材料中，自然也就有了深度。

4. 突出一个"活"字

机关公文材料的"活"，主要体现为形象、生动、活泼。做到这一点，主要靠两条：一靠精心选取事例。事例是公文材料中最有可能写得生动活泼的部分。精心选取，就是从现实生活中大量的、可以说明观点的事例中，把那些典型的、动人的事例提取出来进行加工，突出其特点。选好写好一两个例子，往往能使整个材料活起来，给读者留下深刻的印象。二靠善于使用典型的形象化语言。要善于从基层群众的口头语言中选取那些能恰当说明某一问题的生动形象的词句、短句，根据内容的需要加以提炼概括，运用于恰当的地方。群众语言往往寥寥几字就能形象、生动、深刻地道出一个问题或揭示一条哲理，使材料大为增色。

5.突出一个 "实" 字

这里的 "实"，主要是指材料写得实在、质朴。语言实在才能使人耐读；情况实在，才能使人信服；对策实在，才能具体管用。语言花哨，情况似是而非，对策大而无当，都不是高质量的材料。要把材料写实在，也是一件不太容易的事情。要树立正确的思想观念，具有求真务实的精神，对问题做到不缩小、不掩盖，对成绩做到不夸大、不拔高、不造假；要深入实际认真调查，不能在办公室里主观推断、凭空设想；要细致研究，反复思考，努力使自己所概括的问题、所总结的经验、所提出的对策，都尽可能地符合客观实际。

总的来说，确立材料的高标准是相对而言的，因为标准是随着写作水平的提高而 "水涨船高" 的。因此，要把不断提高自身的写作水平与确立材料的高标准结合起来，二者相辅相成，互为动力，推动着我们在材料写作的道路上不断向更高的目标进发。

二、提炼材料的中心思想

古人讲："文以载道。" 用现在的话说，就是写文章要表达思想。

机关写作的公文材料，其所谓有思想，就是要有鲜明的立场和观点，提倡什么，反对什么，旗帜鲜明，体现出对问题的见解和看法。也就是看问题抓得准不准，道理讲得深不深，有没有超出一般的东西，有没有新观点、新方法、新思路、新经验。事实上，材料写作中，无论对上、对下，对内、对外，都是为了阐明某个观点，争取各方支持，推动工作落实。如果一篇材料，有的只是华丽的辞藻，有的只是庞杂的素材，却没有说明什么问题，解决什么问题，人们看过以后，根本不知道在赞成什么，反对什么，不知道在讲什么道理，这样的文字材料就是没有灵魂的文章，是根本谈不上指导工作的。真正好的材料，一定要鲜明而有力地拥护那些应当拥护的东西，同时也一定要鲜明而有力地反对那些应当反对的东西；在观点的表达过程中，不但有自己独到的见解，而且这个见解有深刻的内涵和外延，这才是生机勃勃的好文章。

文章赖思想而永生，无"灵魂"而猝死。所以，文字材料一定要注意把思想提炼出来。

（一）把零碎的问题系统化

写材料之前，我们掌握了大量的素材、资料，只有对它们进行分类、归纳，认真梳理，从中提炼、阐述观点，再根据观点来调动素材，使之按照一定的方式方法（写作技巧）建立起联系，成为材料的一个分系统，各自独立，又相互联系，使整篇材料构成一个有机整体，这样材料才是一个"活体"。否则，零零碎碎，杂乱无章，使人"丈二和尚摸不着头脑"，思想性就无从谈起。

（二）把表面的问题深层次化

我们都知道，"形散而神不散"是散文的最大特点，这里所指的"神"就是思想，是思想使词句、条条框框凝聚在了一起，这种联系不是表面的、外在的，而是深层次的、内在的。机关公文材料又不同于散文等文学作品，文学作品的观点是通过让人阅读情节、事件以及对话等间接地揭示出来，它隐藏在作品之中，而公文材料的观点是直接体现在层次标题上，它要求句子较短，文字不允许有太多。因此，机关公文材料要求"形不散神也不散"。做到这一点不仅要注意事物表面的联系，又要不停留在对客观事物直观和机械的反映上，而要经过我们的深加工，深刻地分析客观实际，挖掘其内在规律，寻找问题的根源，引出对实际工作有指导作用的规律性经验来。

（三）把上边的问题实际化

起草文字材料，应以上级的指示和要求为指导，但绝不是上边东西的简要引用。如果下一级简单照搬上级精神，有可能落个"传声筒"的名声。因此，我们应紧密结合单位实际，把上面的东西细化、具体化、实际化，即把普遍的要求个性化，在上情和下情的结合中，提出自己的办法和要求，既不违背上级精神，又能突出单位特色。

如一篇《在全市宣传思想工作会议上的讲话》中的标题是这样写的：

一、宣传思想工作要唱响《红旗颂》，就是要充分认识宣传思想工作的特殊重要性，进一步增强紧迫感和政治责任感，继续坚持正确的舆论导向，始终不渝地发挥宣传思想工作的政治优势

二、宣传思想工作要唱响《走进新时代》，就是要把握时代的脉搏，紧贴新的形势和任务，围绕推动全市经济社会赶超式发展，进一步发挥积极的作用

三、宣传思想工作要唱响《爱的奉献》，就是要大力推进社会主义精神文明建设，推进社会主义核心价值体系建设，努力在全社会形成共同的理想信念、强大的精神动力和良好的道德规范

四、宣传思想工作要唱响《爱拼才会赢》，就是要发扬敢于拼搏的精神，更加突出文化软实力建设，促进文化事业大发展大繁荣，更好地满足人民群众日益增长的精神文化需求

五、宣传思想工作要唱响《敢问路在何方》，就是要适应新的形势，继

续解放思想，锐意改革创新，进一步提高质量和水平，努力开创我市宣传思想工作的新局面

利用五首歌，把上级的要求与本市的实际结合起来，既生动又具体，堪称好材料。

（四）把具体的问题理论化

公文材料写作最忌讳的就是就事论事，从现象到现象，从表面到平面，只见事不见思想。因此，我们要善于站在理性认识的高度看待具体问题，从一般的现象当中看出不一般的本质。能够做到：着眼上边向自己看，着眼自己向下边看，看提出的观点对不对；着眼外面向里面看，看提出的观点新不新；着眼全局向局部看，看提出的观点指导性强不强。从本质上说，这和第二点是一致的，只不过是体现的角度和程度有所不同。

如反映某部专业技术干部陈福宁的先进事迹材料，从具体事例中归纳出典型的"军人本色""良好素养""创新精神"几方面特点，上升到了理论高度，抓住了问题的本质，具有一定的思想性。层次标题为：

在挑战面前——以"军人本色"重铸辉煌；

在隐患面前——以"良好素养"化解险情；

在使命面前——以"创新精神"不断进取。

（五）把传统的问题时代化

公文材料写作最怕语言陈旧、信息陈旧、事例陈旧、观念陈旧，"重复昨天的故事"。要使写出的文字材料有思想有新意，不但要抓住新生事物，用新办法解决新问题，还要给传统的东西赋予时代的内容，或用新办法解决老问题，以增强时代感和针对性，使人感到有新思想、新语言、新事例、新信息，这样才能使传统的思想在新形势下焕发活力，保持威力。

要想把思想表现得更为深刻、新颖，还有很多途径，如进行深度开掘、寻求多角度表达等。当然，这些方法不是独立的，多数情况下应结合起来运用。但是无论怎样，最根本的还应在提高思维能力，准确及时把握事物的内在联系和发展规律上下功夫。

三、大型文字材料的起草方法

文无定法，撰亦无定法。方式方法取决于特定目的、特定任务，在一般情况下，同作者的习惯方式直接相关，甚至与文稿的交卷时限、写作环境都发生关联。

（一）一人动笔

常用的有三法：

1.一气呵成法

运用此法，作者只管一路写来，甩掉任何牵挂，全力集中于拿出初稿。其特点有三：一是快速成文。以最少的时间投入，最大的成品产出，完成草拟文稿任务。二是跳越障碍。起草中不可驻足于问题，纠缠于细节，只求精兵疾进。对于所遇数据、引文、用字等磕绊，可留下记号，以待成稿之后处理。三是后期完善。对于业已写成的草稿，或曰毛坯工件，进行核对、补充的工作，属起草中的加工阶段。在快速成文中未及清除的障碍，一律在此段扫荡。材料写作采用此法，大有利于思路贯通，文笔顺畅。篇幅短小的公文材料，要求紧急的公文材料，以及条件允许的写作，以用此法为佳。

2.分段完成法

这是既着眼于作者的时间运筹，又兼顾结构顺序的写作方式。其一，时间断续。作者对时间要素的支配，受客观条件的制约，不能连续运用，只好时断时续，写作也就处于写写停停的状态。在用时方面，作者被动，常常无规律可循，只好见缝插针。其二，结构调序。运用此法，通常是在准备并不充分的条件下进入写作状态的。写作提纲通过之后，在起草过程中，不一定受结构顺序的束缚。如果条件不允许，例如，有的部分素材搜集得不够，相关数据尚欠账较多，即可将这一部分超越过去，写下一个具备条件的专题。这就是说，从准备情况而言，丰者先写，歉者后写，顺序不拘。其三，后期统序。运用此法，在时间上，断续进行；在题序上，插花写作。当具备条件的部分初稿完成后，回过头来再写当初准备不足的部分。这种填平补齐的工作，要在起草的后期进行，并做到总体统一。采取这种写作方式，一要加强计划性。因为一头忙写作，一头顾调研，再加业务工作穿插其间，使线索纷繁，计划周详格外重要。二要遵照提纲写。由于大题、小题都有写有空的，形成犬牙交错、参差纷杂的局面，为避免自我紊乱，就需严格依照提纲行文。

3.撰改交融法

这是将草拟与修改熔于一炉的写作方式。其一，写改套用。这就打破了起草即起草、修改即修改的森严壁垒，将"一气呵成法"中划定的两个阶段的工作，结合为一处：起草之中有修改，修改过后再起草。其二，见疵即除。起草过程中，毛病常常是一经出现当即觉察，发现什么问题立刻解决什么问题。也有写到某一处，"照应"了前面同类问题的情况。这就需要马上查阅前几页、前几部分，问题当即排除。其三，后期简统。由于此法撰改交错，起草完成，也即修改完毕，后期便无须大改，只是从头到尾在文字上简单一顺即可。采用此类写法，一可撰改同步，稳中求快。二可撰完改毕，一遍成功。写作时运笔勿急勿躁。这样，草稿完成，文字理通顺之后，即可交卷。大型文字材料，甚至有些时限较紧的材料，都可用此法。

（二）众人合作

对于篇幅很长、内容复杂的综合性材料，如党代会、人代会工作报告，由一人草拟确有困难，从信息占有、专业分工，到个人时间、精力，都不允许个体操作，就需要众多执笔者组成写作班子完成。

1.各有分工，先分后合

这是写作班子人人动笔、分工合作的写作方式。其写作步骤：一是统一提纲。写作班子要有领衔写作者，此角色通常由秘书长或办公厅（室）主任担当。领衔人牵头，大家根据材料要求，以及个人占有的材料，共同拟定写作提纲。人人参与拟定，同时也就统一认识，并为此后的统一行动奠定了基础。二是分头写作。大家共拟提纲，也就对整个材料框架心中有数，做到胸有全局。而后，依据各人特长，领衔人统一分工，明确每人的写作任务：内容，位置，字数，时限。随即按照提纲，分别执笔。三是集体会诊。个人的写作任务完成后，就是集体把关、大家会诊的过程。按照全文的自然顺序，从头至尾，分别一读，使大家形成初步的整体印象。接着，便一一过关：从立意、内容，到结构、文字，还包括前后交叉、重叠部分，大家各抒己见，一一指陈。根据会诊意见，各自分头修改。四是一人统稿。在每位执笔者起草、修改的基础上，领衔人即可着手统稿工作。其主要任务是对文稿去毛刺，理交叉，连内容，统风格。具体来说，根据写作提纲，剪去缺憾，组接片断，使全篇材料成一统：观点一致，内容连贯，文气顺畅，风格统一，结构严谨，虽为多人合作，却如出于一人。

2.一人主述，大家帮助

这是由领衔人口授、参与者合作的写作方式。其一，集思广益成提纲。要遵照上头精神，包括党和国家的路线方针政策、上级机关的指示决定、本级机关的领导授意，还要依据下面实际，包括各项工作情况、主要成绩、存在问题、群众要求，等等，并将这两者结合起来，参与者广开言路，集体拟定文稿写作提纲。其二，一人主述全文。写作班子中的领衔写作者，日常工作处于综合性领导岗位，占有信息量大，了解情况全，接触领导多，加之有一定的工作能力，就自然地成为主述者。他可以集中大家意见，提炼升华。一人口授下来，益于文意连贯，风格一致，也便于修改。其三，共同参与补、订、调。在写作班子内，除主述者外，设一名执笔者。此人要头脑清醒，具有较强的文字能力，如果不用计算机，最好书法好些，对口授的内容作笔录。其他参与者要积极投身其中：对主述内容需要补充、订正、调整的，立即插言；也可以斟酌观点，补充事例，推敲语言。初稿写出后，执笔人通读一遍，再经集体会诊，从各个角度提出修改意见，执笔人作文字调整。直到大家认可，再由主述人动笔改定。

3.集体构思，分头撰写

如果准备的时间比较充分，参加起草的同志又多是老手，每个人都能独当一面，就可以采取分头作业的办法。就是集体构思，分头写作，集中交流，主持人统稿。这种办法，可以相互竞争，充分发挥每一个人的聪明才智，但在事例的选用、观点的形成、道理的论述、文体的结构形式上，很容易互相交叉，前后重复。这就要求主持人发挥好统揽全局的作用，在分题时，就把事例、数据、观点、写作形式等分好家。在分题作业中，主持人还应该继续构思整体框架，并搞好"单个教"，及时审查每一个人的写作内容，对弱者可以靠上去帮，不断给执笔人出点子、供素材，加强具体指导。这一步工作做好了，到集中统稿时，就可以少费很多劲。

以上几种方法，是大型文字材料常见的写作形式，具体情况不同，可视情况采取不同的形式。至于哪种方法适用，仁者见仁，智者见智。

四、大型文字材料的行文

确立了材料写作的态度，提炼出了思想，解决了写作的方法，就该正式开始撰写了。主要把握以下几个方面：

（一）题好文一半

标题就是题目，公文材料的标题就是公文的题目，它在公文中占有很重要的地位，是公文的"眼睛"。标题的好坏，对公文的效果有着直接的作用，标题选得好，既可以高度概括公文的内容，又便于理解和记忆，还能方便机关公文的管理。

1.好标题的要求

标题是一篇公文材料给人的第一印象，好的标题犹如画龙点睛，既能显示公文主题或包含的主要内容，又具有提示作用，引发读者的兴趣。

但从目前公文标题存在的问题看，主要有不准确、不具体、不规范、不精练等问题。标题的要求有哪些呢？

（1）高度概括。就是指公文材料的标题能概括住主要内容。一般情况是一文一事，公文的标题要把主要事由写清楚。公文的标题分为大标题、副标题和小标题，也就是我们平时所讲的一级标题、二级标题、三级标题。大标题要高度概括全文的中心内容，小标题是概括揭示某一段落和层次的中心内容，小标题要与总标题相呼应，服务于总标题，同时要合乎逻辑，总标题与小标题之间具有从属关系，各小标题之间为并列关系。只有这样进行高度的概括，才能集中反映公文的中心思想。

（2）客观准确。主要是指公文的标题要客观准确反映公文主要内容，把握住事由的内涵和外延，"事由"部分的文种使用要准确，不能用错或滥用。

这就要求我们在拟写标题时，要严格按照公文格式选用恰当文种，要严格按照公文的中心思想选择总标题，要严格按照总标题的要求选定小标题，做到一环扣一环，环环准确，实现公文的严谨、准确、完整、统一。

（3）简明扼要。就是指公文标题要精练，文字简约朴实，不能太长，既紧扣材料的内容，统摄全篇，又旗帜鲜明，突出主题。一般情况是单行标题较多，较长的也有两行的或三行的，批转或转发的公文标题也可以长些。做到简明扼要，这就要求我们在撰写时尽量压缩"事由"部分的文字，适当省略标题的某一构成要素。当然，也不要为了压缩文字，让人看后不明白意思。

（4）要素齐全。就是指公文标题的结构形式涉及的要素齐全。一般公文的标题应由发文机关名称、事由、文种三要素构成，这就要和现行党和国家公文法规中的规定相一致。公文标题的构成要素一般不得随意缺漏。具体的写法是：

①介词结构：常见的是用介词"关于、在、对、给"等加上"事由"再加上"文种"构成。

②动宾结构：主要是由动词在前，宾语在后构成。

③偏正词组结构：主要是由中心词（正）和对中心词起修饰作用的词（偏）两部分组成的词组构成，"偏"在前，"正"在后，两者之间有的用助词"的""地"连在一起，有的不用。

④正副标题结构：主要是由正标题加副标题构成，正标题揭示主题，副标题补充说明有关内容。

（5）生动形象。好的标题，要能引人入胜，尽量运用创造性思维，借助修辞、成语、个性化的语言等，把标题拟得巧妙而深刻，做到贴切简练灵活生动。

（6）美观通顺。就是指公文的标题在排列时要考虑美观，注重工整，做到长短协调、句式统一。字数少可排成一行，字数多则可排成两行或三行，使之清晰整洁，醒目匀称。此外，还要考虑词和词组的完整性，不能有语法错误。那样，即使各行字数匀称相等，也不符合公文标题的排列要求。具体来讲，公文标题的排列形式可以分为三大类十三种，即单行标题、双行标题（上下等长、上长下短、上短下长）、多行标题（正梯型、倒梯型、上下短中间长、上下长中间短、上短中下等长、下短上中等长、上长中下等短、下长上中等短、上中下等长）。在实际公文写作中，应视具体情况灵活运用，做到既美观醒目，又合理得体，能给受文者以形态上的美感。

2.好标题为何好

标题既是为主题服务的，它细化主题、派生内容，使主题贯通全篇；又是为结构服务的，它区分层次、衔接上下，使结构严密完整。标题是文章的主骨架，如若没有一副好骨架，怎会有一篇好文章。这主要基于三点考虑：

（1）标题似脸。我们常讲一句话："人不可貌相。"但在现实生活中却仍会以貌取人，因为还有一句话叫"相由心生"。在公文材料写作中，标题之于文章，差不多是貌之于人。天下文章何其多，一字一句读不完。多数人看文章，不管什么主题、多长篇幅、出自谁手，最先做的就是读文中的几个标题，从标题来判断是不是篇好文章。"秧好一半谷，题好一半文"，说的就是这样的道理。标题一般化，没有亮点，不够新颖，标题展现出来的是一张大众脸，而不是"明星脸"，即便材料的思路清晰、文字华丽，也不能称为一篇好材料。所以，在写材料的过程中，只有把标题拟成功，才能给别人留下非常深刻的第一印象，进而才能打动人、吸引人。

（2）标题如眼。标题是对主题的分步阐述、正文的总结提炼，强调某种思想观点、措施或问题，能够提纲挈领地表达文章内容。有的对文章主题把握不准、琢磨不透，标题思维不清、逻辑混乱，甚至前后矛盾，这就是一双"迷糊眼"，让人看了感到文章不知所云；有的标题引用老观点、沿用老套路，比如写单项工作的经验材料，摆出"领导重视、措施创新、督导严格"这些老标题的就不少，这就是一双"对对眼"，让人看了开头就知道怎么收尾；有的分析问题不深刻，没有抓住主要矛盾，标题没有新思想，领导看了批评是"蹲着写"的，站位不高，视野不开阔，这就是一双"近视眼"，让人看了觉得文章空洞乏味、见地不深。所以，标题要能准确概括文章内容，体现独到见解，这样的文章必然会受青睐。例如某机关单位写工作报告，在汇报经验做法时设置了五个小标题就恰当地运用了排比句：

（一）抓力度，领导重视到位；（二）抓指标，目标考核到位；（三）抓合力，综合协调到位；（四）抓制度，责任追查到位；（五）抓素质，队伍建设到位。

这"五抓"既把机关单位一年来工作的主要措施比较完整、全面地介绍清楚，同时又增强了语言气势，读起来朗朗上口，具有很好的表达效果。

（3）标题是金。是金子放到哪里都能发光。我们每个人写文章，都希望代表个人思想的作品，不管走到哪里，都能闪闪发光，经久不衰。标题是对文章思想观点的提炼和陈述，制作出好的标题，就如同是给文章披上了一层"土豪金"。有的听众或读者出于对某些"官样文章"的反感，对领导讲话也往往先看标题是否说得恰如其分、是否体现风格水平，能不能让他们有兴趣听下去、看下去。所以，笔杆子在写文章的时候，都会把相当的精力放在标题制作上，反复琢磨，反复修改，大有"语不惊人死不休"的劲头。

3.好标题的类型

好标题没有统一的评判标准，也没有固定的格式要求，但应该是有规律可循的。结合平时收集的资料，以下总结整理八种常见的标题类型。

（1）总结归纳型。这类标题主要特征在于对文章主题分析理解透彻，对文章每一块内容都进行高度总结，让人看了以后感到思路清晰、内容交代清楚，此类标题多用一串数字或关键词构成。

有一篇反腐倡廉报告的标题围绕一二三四这样的数字来制作：

要做"三观"明晰的干部，主要指权力观、地位观、利益观；

要做"四关"牢固的干部，分别是守住金钱关、美色关、亲情关、责任关；

要做"五官"端正的干部，主要讲嘴要正、手要正、腿要正、心要正、身要正。

还有的标题围绕某个关键词来拟定，有一篇讲接待工作的文章，标题就是紧扣"特"字这个关键字，分别是讲掌握客人特需、把握口味特色、展示地方特产、体现服务特别。

（2）辩证对比型。就是用辩证思维来制作标题，一般都由两个前后鲜明对比的词来构成，比如像抓大不放小、管外不忘内，主动但不盲动、进位但不越位等等这样的句子，用这样的标题比较新颖，能较好地体现思想性，既突出重点，又统筹全局。

如有一篇名为《换届心态也是一种政治素质》的文章，标题拟得很好，是这样写的：

"进"固可喜，但不可沾沾自喜；

"退"也光荣，但不可"退"而无为；

"留"诚可贵，但不可妄自菲薄；

"转"当益壮，但不可患得患失。

这样的标题列出来，是比较"抢眼"的。

（3）形象比喻型。对某项工作或者某个方面研究全面，把其内在的本质属性与平时生活中的某些事物联系起来，用某一特定物件做标题关键词，这样的标题生动有趣，能够引起读者的共鸣。比如一篇有关财政工作的讲话材料，作者在拟标题之前，想到干财政工作的就好比是过去的账房先生，而账房先生最不能缺的就是算盘，最后就把财政工作形象比喻为打"算盘"。它的标题是这样拟的：

第一，要打好促产培财的"活算盘"；

第二，要打好节约支出的"铁算盘"；

第三，要打好强化征管的"硬算盘"；

第四，要打好跑项争资的"巧算盘"。

（4）引经据典型。制作这样的标题，首先要具有一定的文学素养，一般都是由经典诗词、名人名言引用派生而来，拟定这样类型标题的难度较大，但是用到文章中，将会使整篇文章文采飞扬，为文章增添不少色彩，令人耳目一新。

如一篇《在××市政府办公室干部职工会议上的讲话》，用五句经典名言作为标题，效果极棒。

第一句话，是毛泽东同志说过的："我们的队伍里边有一种恐慌，不是经济恐慌，也不是政治恐慌，而是本领恐慌。"

第二句话，是一个企业家对他的员工说的，他说："当领导者交给你一个难题的时候，你不能说没有办法，而要说：我试试看。"

第三句话，是印度大诗人泰戈尔说过的一句话："花朵的事业是美丽的，果实的事业是尊贵的，但我愿做一片绿叶，绿叶的事业是默默地垂着绿荫的。"

第四句话，是"一个人最大的敌人不是别人而是自己，一个人最大的悲剧不是被别人打倒，而是自己把自己打倒"。

第五句话，是一位哲学家说的："影响我们前进的可能不是前方的一座高山，而是我们鞋里的一粒沙子。"

（5）设问回答型。这类标题采用疑问句式，一个标题就是一个疑问句，优点就在于比较醒目、引人深思。

（6）短促有力型。这样的标题总结精练，简洁明了，突出文章重点，不拖泥带水，一般也就短短几个字，连多余的标点符号也没有，有深度但又不失力度。这种类型的标题，多用于一般性的讲话材料，听了以后让人感到文章好记易懂。

（7）反话正说型。主要是打破惯性思维定式，将贬义词当褒义词来用，把反面的话放在正面来说，这类型标题巧妙之处就是给人下套，让你的思维即将走进死胡同时，突然又感到峰回路转、柳暗花明，觉得生动有趣、回味无穷。

比如，有这样一篇文章，其中标题是领导干部干事要"三心二意"，它的"三心二意"是：信心、恒心、决心和创意、乐意。这样的标题摆出来，是非常新颖的，也是能吸引眼球的。

（8）直面陈述型。就是将文章最重要的内容直接告知读者，一般用陈述性句子，用简单的语言来说明深刻的道理，这样的标题一语中的，不绕弯子，一目了然，具有吸引和导引作用。

此外，还可以运用对仗式语句，在形式上和意义上显得整齐、匀称，给人以美感。但公文小标题的这种对仗一般只是讲求字数的大体对称整齐，而非严格意义上的对仗。

写材料都想用好标题，但是好标题不像水龙头里的自来水，想什么时候有就什么时候有，想来多少就来多少，所以，我们一要勤记。做笔记是拟好标题的基本功。也许有的人饱读诗书、思维活跃，好标题信手拈来，但是这样的人是绝对的极少数，只有文章大家才能做到。对我们一般人来讲，只有多做笔记一点一滴去积累，在做笔记中寻找感觉、不断提高。二要善思。好的标题都是经过深思熟虑、抓耳挠腮之后才出品的。在思考的过程中，也要注意方式方法。对文章的主题思想、重点内容、结构层次等方面，都要有一个全面的把握、仔细的思考，特别是对文章每个部分具体写什么内容一定要心中有数。遇到旧材料、旧事物，结合当时新的情况、新的形势，以独特的视角对主题进行新发掘，就可能找到新的东西。三要多练。神枪手是子弹堆出来的，好标题是长期练出来的。想拟好标题光看光想还不够，还需要多动手、多练习。

（二）开一个"凤头"

开头是公文材料的起始部分，古人称为"起笔""发端"。对任何一种文章体裁来说，开头都非常重要，所以古人把文章的开头称为"凤头"，意思是说，文章的开头要像凤凰的脑袋一样，漂亮、优美，不同凡响，有吸引力，能有引人入胜的效果。开头居于全文定调的地位，是作者思路的起点，对全篇起着控制、引导、说明的作用。

文章开头的基本要求有两点：

一是要迅速切入，尽快接触、展现文章的主题；

二是要引人入胜，以优美、简洁、精致的文笔吸引读者，激发读者阅读的兴趣。

一般来说，文学作品多采用艺术法开头：或进门向壁，曲径通幽；或抒发感情，渲染气氛；或娓娓道来，情调舒缓；或巧用比兴，给人启发；或"突兀而起"，扣人心弦，等等。而机关应用材料（新闻报道除外）则不同，多采用平实法开头，或开门见山，或落笔入题，或开宗明义，或单刀直入，把文章和主题和盘托出，阐明欲表达的事物或道理，直接带出下文。总之是"起句发意"，"将要点起首便提出"，使读者"一望而知其宗旨之所在"（梁启超《作文法》）。要和燕子一样，它归来的时候，就预示着春天已经悄悄地开始了；要有"一叶落而知天下秋"的精致、敏感和意义，开头一摆出来，整篇文章就飘然而至了。

下面，我们就来分析几种常用的开头写作方法：

1.点题式

点题式即开门见山、单刀直入、直截了当地点明主题主旨的开头方式，开宗明义，在公文材料的开篇部位，就把写作的目的、观点、内容等因素，明白地表述出来，使读者快速把握行文的意图，也可以防止离题万里，空话连篇。毛泽东同志有很多篇章在第一句话或者第一段就说明文章的意图，干净利落地切入主题，使读者阅文见义，得其要领。如有名的《为人民服务》这篇讲演稿，开头就是：

我们的共产党和共产党所领导的八路军、新四军，是革命的队伍。我们这个队伍完全是为着解放人民的，是彻底地为人民的利益工作的。

这是毛泽东同志1944年9月8日在追悼张思德同志会议上所作的讲演，这篇讲演的开头，没有用常见的套话，而是开门见山，亮明观点，一下子把听众的注意力集中到讲演的中心议题"为人民服务"上来。这种方式在机关应用材料写作中比较常用。

2.切入式

这种方式以交代事件、摆出情况或提出问题为切入点，从中引申出文章的主旨。以这种方式开头针对性强，目的明确，反映主题更加感性，使人印象深刻，但要注意交代事件和提出问题要简洁明了。这种开头方式多用于工作研究、体会文章、调查报告和领导讲话等类材料中。如：

习主席指出，作风建设永远在路上，要坚持抓常、抓细、抓长，使好作风内化为信念、外化为习惯、固化为制度。习惯成自然，自然成人生。一些不良风气之所以屡禁不止、屡纠不改，很大程度上是一些同志陷入惯性泥潭，吃了不良习惯的亏。作为抓作风建设的重要力量，组织干部理应严于律己，标准更高，走在前列。那么，如何带头以好习惯培植好作风，催生正能量呢，思考有三点。

3.归纳式

归纳式即开头对材料主体内容进行总体的归纳和概括。此种开头方式高度概括，直接明了，多用于工作总结、事迹经验、调查报告等类的材料中。

一篇介绍杨业功的事迹材料《从严求实擎长剑 两袖清风昭后人》，开头是这样写的：

第二炮兵原副参谋长杨业功，1945年2月出生，1963年8月入伍，1966年2月入党，2004年7月因积劳成疾病逝，年仅59岁。杨业功从军40多年，特别是担任旅长、基地副参谋长、副司令员、司令员等领导职务以来，自觉践行为民务实清廉的要求，始终以强烈的使命担当、忘我的拼搏精神、扎实的领导作风、严格的自律意识准备打仗、履行职责，先后参与筹建我军第一支新型导弹旅，成功组织第一枚新型导弹发射，多次出色完成一系列军事演习等重大任务，为加快我军导弹部队建设步伐、推进军事斗争准备做出了杰出贡献。2005年12月被中央军委授予"忠诚履行使命的模范指挥员"荣誉称号，2006年1月被列为全军挂像英模。

4. 引入式

引入式即从阐述分析两个相互对立的事物或事物的两个方面入手，或褒扬真理，或批评谬误，或提倡主流，或反对支流，从而引起下文。用这种方式开头的好处是，能够在猛烈、直接的碰撞中迅速切题，表明立场，体现主旨，吸引读者。

如毛泽东同志撰写的《反对自由主义》一文，就运用了矛盾引入式的开头方法，认真学习拜读，我们定会从中受到不小的启发。

我们主张积极的思想斗争，因为它是达到党内和革命团体内的团结使之利于战斗的武器。每个共产党员和革命分子，应该拿起这个武器。

但是自由主义取消思想斗争，主张无原则的和平，结果是腐朽庸俗的作风发生，使党和革命团体的某些组织和某些个人在政治上腐化起来。

积极的思想斗争和自由主义是相互矛盾、相互对立的，文章在对这两个方面的分析、碰撞和辨别中开宗明义，从而引出对农民小生产者和其他小资产阶级自私自利性的批判。

5.根据式

根据式即开头交代行文的根据，以保证发文的法定权威性，一般多用"根据""遵照""按照"等作为语言标志。用来作为行文依据的，通常是党和国家的某项方针政策、法令法规，上级的文件指示精神，某次会议的决定以及本单位的实际情况等。

例如《××市商业局关于实行经营责任制的决定》开头：

根据市委商业改革会议的精神和局试点的经验，局党委决定……

6.目的式

目的式即在开头交代行文的目的或意图，开宗明义，以便受文机关明确发文机关的意图，一般常用"为""为了"等介词标引。

如《××市人民政府关于查禁赌博的通告》开头：

为了保持社会稳定，根据国家有关法令，特通告如下。

7.原因式

原因式即在开头讲明制发文件的缘由，以揭示行文的必然性和合理性，还可昭示行文的必要性与重要性。一般用"由于""鉴于"等介词标引。

如《中共中央关于关心人民群众文化生活的指示》的开头：

随着国民经济情况的逐步好转，在人民群众物质生活相应提高的同时，广大群众对文化生活也提出了要求。

8.时间式

时间式即开篇点明某事、某情况的时间，可写具体时间，也可用"最近""近来"等模糊度稍大的时间副词，还可用"……之后"句式开头。

如《××区人民政府关于贯彻饮食卫生现场会决定的报告》开头：

九月二十日，市政府召开饮食卫生现场会，通报了我区××饭店出卖臭肉包子的情况后，引起区政府的高度重视……

9.事情式

事情式即开篇简明扼要地介绍事件或情况，给人以清晰印象。

如民政部《关于增加选举工作干部编制名额的请示报告》的开头：

经中央批准，今年县、乡两级选举的日常工作由民政部门负责。但是在确定民政部门人员编制时，没有选举工作这项任务。为了做好这项工作，需要给民政部门增加必要的编制……

开头的方法是多种多样的，除以上几种方式外，还有名言警句或对偶句引入式、欢迎慰问式、背景烘托式等，不再一一举例分析。但无论采取何种方法，只要能符合机关应用材料主题、结构和表达需要，做到开门见山、开宗明义、简洁明了、朴实自然就行，不必拘泥于某种格式。

（三）续一个"豹尾"

余音绕梁，是形容歌声优美，给人留下深刻印象。这个成语同样适用于材料的结尾。一个好的结尾，往往会让读者（听众）找到意犹未尽、回味无穷的感觉。不好的结尾则会给人以仓促或啰唆之感，令人感到失望、扫兴、画蛇添足，有时还可能会使整篇材料功亏一篑。

所谓结尾，是指文章内容发展的必然结果。古人称之为"收笔"，也把它比作"豹尾"，是指它飞扬高昂，刚劲有力；又把它比作"撞钟"，是指它清音余绕，久久回荡，让人回味。

俗话说："编筐编篓，全在收口。"文章的结尾非常重要，也是不容易写好的。绝不能当断不断，画蛇添足；虎头蛇尾，草草收场；拖泥带水，臃肿笨重；节外生枝，游离主旨；决心口号，陈词滥调；平淡无力，令人泄气。

机关公文材料结尾的要求可以用十六个字来概括：自然紧凑、简明扼要、回应有力、精彩新颖。

自然紧凑，是指上下文的内容、语气要衔接紧密、顺畅，要"旋律"一致，"节拍"吻合，前后呼应。

简明扼要，是指语句要简短有力，篇幅不宜太长。

回应有力，是指照应上文要有力度，不能不痛不痒，软塌塌、黏糊糊。

精彩新颖，是指句子、语言要精美，要有一定的气势和节奏感，而且不同种类的材料要有不同的结尾方法，通过不同的角度、不同的句式和不同的提法给人以新感觉。

机关公文材料中，结尾的方式有很多，在各类文种中，结尾最复杂、出现最频繁的应属领导讲话稿；有些材料一般正文叙完即止，有些则有相对固定的格式，这些我们要有所区分，灵活把握。

下面，我们就来分析几种常用的结尾方式。

1.自然式

材料完时自然收尾，或当机立断，材料如紧急刹车般停住，让人深思；有些不需要结尾的材料则正文叙完即止。材料写作中，这种结尾方式比较常用，即有话则说，无话则收，不画蛇添足。

例如：一篇《把"三严三实"作为崇高的价值最求》的结尾：

我们一定要脚踏实地、真抓实干，敢于担当责任，勇于直面矛盾，善于解决问题，努力创造经得起实践、人民和历史检验的实绩。

2.总结式

即对文章主体内容提纲挈领地进行归纳和总结，卒章显志，以结论的语气加重内容的分量，以求给读者（听众）留下深刻印象。这种写法多用于篇幅较长的公文材料，如领导讲话、报告等，是常用的一种结尾方式。

比如李克强总理在第十二届全国人民代表大会第三次会议上所作的《政府工作报告》结尾：

时代赋予中国发展兴盛的历史机遇。让我们紧密团结在以习近平同志为总书记的党中央周围，高举中国特色社会主义伟大旗帜，凝神聚力，开拓创新，努力完成今年经济社会发展目标任务，为实现"两个一百年"奋斗目标、建成富强民主文明和谐的社会主义现代化国家、实现中华民族伟大复兴的中国梦作出新的更大贡献！

3.启发式

即把深刻的哲理、浓厚的感情蕴含在结尾之中，启发读者（听众）进一步领悟主题和内容。

比如反映全军十大学习成才标兵赵菁的事迹材料《锻造全面素质　铺就成才之路》的结尾：

4年来，我参加过很多这样的活动，完成过很多这样的工作，也占去了我很多的时间和精力。有人说不值得，其实我在参与中学到了许多书本上学不到的知识，锻炼了课堂上练不出的能力，怎能说不值得呢？再说了，是学校给了我知识，培养了我的能力，锻造了我的品格，为集体、为他人奉献自己的智慧与才华，是应尽的义务，我无怨无悔。

4.展望式

通过铿锵有力、极富鼓动性的言辞，或提希望，或提要求，通过对美好前景的描绘和憧憬，表达某种信念和决心，来激发人们的内在动力。

比如，某县委书记在常委会上的述职报告的结尾：

下一步，我将进一步端正工作指导，转变工作作风，改进工作方法，认真学习习总书记系列重要讲话精神，认真贯彻落实各级党委（扩大）会议精神，以更高的工作标准，更饱满的工作热情，团结和带领全县群众，为推进我县全面建设，实现经济建设再上新台阶，做出新的成绩。

5.呼应式

主要是指文稿结尾与开头要相呼应，写出既呼应开头，又不简单重复的语句，这种结尾方式是比较常见的收尾方法，能唤起读者心理上的美感，产生一种首尾圆合、浑然一体的感觉。要注意的是呼应的内容要协调，能够互相搭配，互相衔接。如果前面的句子是歌颂赞扬性的，那么，呼应的句子也必须是如此。2012年第2期《求是》杂志上的文章《继承和发扬钱学森崇高精神　推进科技和教育事业科学发展》的开头：

2011 年12 月11 日是钱学森同志诞辰100周年。钱学森同志是中国共产党的优秀党员，忠诚的共产主义战士，是享誉海内外的杰出科学家和中国航天事业的奠基人。作为科技、教育界的一面光辉旗帜，钱老一生执着追求、不懈奋斗，为我国科技事业和社会主义现代化建设作出了不可磨灭的伟大贡献。

文章在开头对钱学森同志作了引题性的肯定和评价，并指出其一生作出了伟大贡献，留下了宝贵财富，在文章的结尾，作者呼应开头，又对钱学森同志进行了总结性的高度评价和肯定，并升华主题，发出了呼吁和号召：

钱学森同志是中华民族优秀知识分子的典范。他为中国科技事业、为国防和军队现代化建设建立的卓越功勋将永载史册，祖国不会忘记他，人民不会忘记他，历史不会忘记他！我们要紧密团结在以胡锦涛同志为总书记的党中央周围，高举中国特色社会主义伟大旗帜，以邓小平理论和"三个代表"重要思想为指导，深入贯彻落实科学发展观，进一步解放思想，开拓创新，锐意进取，扎实工作，不断发扬光大钱学森等老一辈科学家的崇高精神，为推进我国科技和教育事业科学发展、开创中国特色社会主义事业新局面而不懈奋斗！

结尾的类型还有很多，如重复强调式、祝颂式、警告式、要求式、征询提问式等，各有各法，各有妙处。但不管采用什么样的形式，我们一定要牢牢把握一点：给读者（听众）留下深刻印象——话意应已尽，余音仍绕梁。结尾不是结束的告白，而是宣告胜利、展示希望的旗帜。

（四）填一个"猪肚"

拟好题，开好头，"凤头""豹尾"都有了，就该填"猪肚"了。这部分的工作是撰写公文材料的重点。

1.把材料运用好

对材料的占有要"多"。毛泽东同志说过："任何质量都表现为一定的数量，没有数量也就没有质量。"把收集的材料运用好，具体地说要做到四个结合：

一是今昔结合。任何事物都有它形成和发展的历史，只有认识了它的过去，才能更深刻地认识它的现在。正因为这样，我们必须同时从今昔两个方面去占有这些材料，既要占有现实的材料，又要占有历史的材料，这样才能从基本的历史联系出发，用发展的眼光把问题陈述明白。

二是正反结合。正反两方面的材料往往可以形成鲜明比较，以使问题论述得更加有说服力。

三是近与远结合。与表达中心问题有关的材料固然重要，但与中心问题间接有关的材料也不可忽视，它有时可以起到开阔思路、补充说明等作用。

四是主客观结合。不仅要占有客观实际材料，还要占有通过思索得出的材料，如心得、感受及对问题的认识、看法等。

运用好材料，鉴别要"精"。对材料要精确鉴别，就是要认清材料性质，判断材料的真伪，估计材料的价值，掂量材料的作用等等。这是一个很细致的工作，这个工作做好了，则材料的表象和实质、轻和重、大和小、主和次、典型与一般等，就会显得格外明晰。因此，我们必须勤于分析，善于思索，真正做到"吃透材料"。

运用好材料，选择要"严"。占有材料，我们提倡"以十当一"，以多为佳；选择材料，我们则主张大家"以一当十"，以严为上。选择材料，要围绕中心问题选择，选材不是目的，对材料之所以要严格选择，最终目的就是为了表现中心内容。因此，要根据中心内容的需要来决定对材料的取舍。有取就有舍，有选材就有剪材，不舍得割爱，不愿意剪材，其结果必然是主干不突出，观点被淹没。要选择典型的材料。所谓典型材料，就是那些具有广泛代表性和有较强说服力的材料。要选择真实、准确的材料。只有那些反映本质和主流的事实材料，才是"证据确凿"的真实材料，才能用来有力地说明问题、阐明观点。要选择生动、新颖的材料，材料生动、新颖，才能表现出新鲜、活泼的思想，才能吸引人、感动人。

2.把语言组织好

古人说，"一字未妥，绕室终日""板凳宁坐十年冷，文章不写半句空"，说的就是写文章要注意锤炼文字，讲究用词用句。高尔基对文字的重要性曾经有一段忠告："永远不知疲倦地磨炼你的武器，研究无尽丰富、柔和、优美的人民的语言。它可以给你力量来表达天才所能达到的思想感情。"我国现代教育家叶圣陶先生在他的一篇文章《公文写得含糊草率的现象应当改变》中说："公文不一定要好文章，可是必须写得一清二楚，十分明确，句稳词妥，通体通顺，让人家不折不扣地了解你说的是什么。"

因此，必须高度重视写材料时的遣词造句。那么，机关公文材料的用词用句都有哪些要求呢？简单讲就是简要、平实、准确、规范、生动等，一言以蔽之就是朴实无华，这是由材料的具体目的与任务所决定的，也是由行政活动朴实明晰的特点所决定的。

一是简要。就是简明扼要，言简意赅，就是要尽可能以少的文字，表达出尽可能多的内容。要尽可能多用短句，少用长句；多用单句，少用复句。欧阳修在写《醉翁亭记》时，初稿开头部分，写滁州东面的山怎样，西面的山怎样，南面的山怎样，凡数十字。后来一想，这篇游记的重点是"醉翁亭"，没有必要用过多的笔墨写山景，于是便概括成"环滁皆山也"五个字。

这五个字不但简练，而且更有利于突出全文的重点。随着网络技术的迅速发展，现代社会的信息量不断放大，工作节奏也越来越快，人们没有多少时间去看那些没有实质意义的、长篇大论的材料。这就要求机关公文材料向着高效、快速、便捷的方向发展，讲求遣词造句的简要，这是现代机关文稿发展的一大趋势。

二是平实。就是指公文材料的语言要朴实无华、言之有物，不要矫揉造作、浮华艳丽，要语意实在、通俗易懂，不要雅言雅语、晦涩难懂。公文材料的语言与文学作品的语言有很大差异，它需要借助明确的概念、准确的判断和严密的推理来传递信息，直陈其事、平实质朴是大多数机关公文材料的基本要求，并不刻意去追求行文的形象和生动。

三是准确。即用词恰当贴切，意思清楚明确，言实相符一致。这是对机关公文材料用语最基本的要求，也是由其性质所决定的，是保证机关公文材料政治性、权威性和严肃性的重要方式。机关公文材料的其他特点都是以此为前提的，只有用最准确的语言、最精练的文字来表达机关的精神、要求和意见，如实准确地反映客观情况，才能使下级单位或社会公众正确理解文稿内容，从而顺利地贯彻执行。机关文稿用语一旦不准确，轻则损害单位声誉，重则可能给个人、给集体、给国家带来不可弥补的损失。

四是规范。公文材料具有鲜明的政治性、极大的权威性。要体现公文在公务活动中的法定效力和权威性，就应当注重公文语言的规范性，反之则会使公文的功效大打折扣。规范，就是语言风格要与文种有机统一，符合行文特有的用语环境，要扣住写作主旨选择语体环境，选择与文种相应的语言结构、词语色彩以及表达方式。

五是生动。就是运用生动活泼的用语，甚至为了让文稿更有可读性，必要的生动形象同样是机关文稿所追求的目标。（1）多用俗语。包括谚语、俗话、俚语、民谣等。如"失败乃成功之母""吃一堑长一智""两袖清风、一身正气""夹紧尾巴做人""老鼠过街，人人喊打""螳螂捕蝉，黄雀在后""若要人不知，除非己莫为""天网恢恢，疏而不漏"等。俗语通俗易懂，群众听着也亲切。适当引用一些，可以使文稿生动形象，尤其是领导讲话稿，可以增强领导的亲和力。毛泽东同志讲话的一个鲜明特点就是对俗语信手拈来，运用自如，恰到好处，使讲话达到了"等闲言语变瑰奇"的意境。（2）增加强调用词。对于文件、讲话等需要贯彻实施的主张、意见、要求部分，可以多使用一些强调语，例如"要""一定""必须""务必""坚决""严加""禁止""不准""严禁"等。这些带有强调口气的词语，可以提醒大家注意，引起读者、听众对内容的重视。（3）巧用换字。换字就是为了语言表达的准确、形象、明快，将比较固定的一句词语中的某一个字临时加以更换，如"与其说他向前看，倒不如说他向'钱'看"。机关文稿偶尔使用这种手法，可使语言生动形象，增加说服力。（4）可用排比。一篇文稿中，如果有几句有气势的排比，往往大增其色，甚至会收到意想不到的效果。如"深怀爱民之心，恪守为民之责，善谋富民之策，多办利民之事"，"情为民所系，权为民所用，利为民所谋""发展要有新思路，改革要有新突破，开放要有新局面，各项工作要有新举措"等。

最后，要特别强调指出机关文稿要尽量避免空话、套话。什么是空话？空话是思想贫弱的表现，也是思想禁锢的表现；什么是套话？套话就是语言的过分格式化。要避免写空话、套话，就要在进行具体撰稿前，进行相关材料（文件、相关的领导讲话、案例、数据等参考资料）的收集与准备工作，这个工作做得如何直接影响到文稿写得实不实、有没有"干货"。否则，"巧妇难为无米之炊"，没有"好料"就不可能有好文章。

机关公文材料的写作要建立在实际工作的基础上，以事实、案例或数字为依据，以真实、准确、客观为准绳，并把党和国家的路线方针政策、上级有关决策规划部署的精神与具体工作紧密结合，来不得半点虚构、想象、夸张或者臆造。实际上，很多人撰写文稿之所以一味地堆积空话、套话，主要原因就是对各种涉及文稿内容的情况和资料的调查、收集、整理、分析、总结等的准备工作做得不够，甚至于就没做。

所以，我们在起草机关文稿的时候，一定要高度重视对相关材料的收集、准备与研究工作，做得越充分、越详尽越好，这是文稿起草过程中不可逾越的环节。只有充分了解相关情况的材料，才能逐步进行起草撰写工作。

3.把文眼设计好

俗话说眼睛是心灵的窗户。顾名思义，"文眼"也就是文章最为重要的部分，指文中那些最富有表现力，最能揭示主旨、升华意境、涵盖内容的核心观点、关键性词句，是文章的精髓，有着画龙点睛的妙用。作为文章中最富有表现力、最能帮助受众准确理解主题思想或脉络层次的关键性词语，好文章必须把握主题和重点，分清文章层次和线索，巧设"文眼"。

西晋陆机在《文赋》中说："立片言以居要，乃一篇之警策。"这"居要"的"片言"即"文眼"，是"警策"全文，"揭全文之旨"的点睛之笔，是牵制全文的艺术构思的焦点。清代刘熙载在《艺概·文概》中说："揭全文之旨，或在篇首，或在篇中，或在篇末。在篇首则后必顾之，在篇末则前必注之，在篇中则前注之、后顾之。顾注，抑所谓'文眼'者也。"刘熙载的所谓"注"指的是"伏笔"，"顾"指的是"照应"。这"伏笔"和"照应"的地方就是"文眼"。凡是构思精巧、富有意境或写得含蓄的诗文，往往都有"眼"的安置。

把握文章主题和重点，巧设"文眼"。抓文眼就是抓点，目的是以点带面。要抓文眼，需"人乎其内，出乎其外"，把自己安置在"情动而辞发"的"点"上，让受众明了要义，思路清晰。

分清文章层次和线索，巧设"文眼"。一篇《不说空话多干实事》的评论，紧紧围绕"真""实""干"三个字，先回答了"是什么"的问题："真"

即本质性、规律性的东西；"实"即客观存在的实际。求真是一种态度，是务实的前提和基础；务实，是求真的实践和检验；重干，就是讲求实际效果，是求真务实的具体行动。其次，文章指出要做到"求真务实重干"，我们应该"怎么办"：求真务实重干，需要认真细致的工作作风，切忌马马虎虎；求真务实重干，需要雷厉风行的高尚品格，切忌拖拖拉拉；求真务实重干，需要充实丰厚的知识底蕴，切忌不学无术；求真务实重干，需要高度负责的职业操守，切忌玩忽职守；求真务实重干，需要凝神静气的忘我境界，切忌心浮气躁。最后给争做"求真务实重干者"开出良方：求真务实重干者，总是脚踏实地而不好高骛远；求真务实重干者，总是默默耕耘而不夸夸其谈；求真务实重干者，总是持之以恒而不浅尝辄止……可谓紧扣文眼，层峦叠嶂，一泻千里，发人深省。

4.把观点事例处理好

公文材料中的观点，需要用事例来加以说明，典型的事例确实可以反映出普遍性的问题。俗话说，从一滴水中可以看到大海。因此，在某些文字环境中，用一两个典型的、具体的例子，确实可以收到揭示问题、阐明观点的效用。毛泽东、陈云同志写的调查报告，常常采用这种写法。

但是，要反映工作开展的全貌，说明问题的严重程度，表明工作收到的成效，单凭一两个事例是不行的。因为现实生活是丰富多彩的，你要想找出两个事例来，无论是正面的还是反面的，是说明这个问题还是说明那个问题的，都能找得出来。比如，要想说明一件工作取得了成效，可以很容易找出相应的例子；相反，要想说明这件工作根本没有得到落实，也能找得到相应的事例。显然，单凭两三个例子，不足以证明一个单位的工作是好还是坏，必须有综合情况的叙述才成。

正确的写法应当是：一个观点＋概括叙述＋典型事例。

也可以是：一个观点＋典型事例＋概括叙述。

所谓概括叙述就是用高度概括的语言和数字，从客观上、整体上反映全面的情况，使人看到事物的全貌。这种写法既有"面"又有"点"，反映的情况既有广度又有深度。而要做到这一点，就必须做些调查研究，搞些综合统计，进行归纳概括，在此基础上才能将全面情况清楚地叙述出来。

（五）写好存在问题

机关公文材料写作中，很多时候都要谈存在的问题。

从机关公文材料的重要作用而言，要想指导工作、解决问题，就必须要反映工作中存在的问题，以便起到弥补过失、吸取教训、鞭策后进等作用，这是毋庸置疑的。但怎么谈，是需要仔细斟酌，认真考虑的。如果把握不准，写得不好，就容易出现"就事论事""上纲上线"等现象，就很难达到指导工作、解决问题的目的，甚至可能会导致制造矛盾、打消积极性等问题。打个不恰当的比方，写存在的问题如同炒菜要放盐一样，不是讨论该不该放的问题，而是应该研究放多少、怎么放、什么时候放的问题。放"这把盐"应着重把握好三个方面：

1.全面客观，分清主次，不要遮遮掩掩

任何一种事物、一项工作，都会存在问题或不足，有好就有坏，不可能十全十美。成绩（进步、好的方面）要肯定，问题（不足、薄弱环节）要指出，这才是实事求是，是对单位、对自己、对材料写作的负责态度。失误往往会成为正确的先导，差距往往能激发我们奋进的热情，成为鞭策我们前进的动力。正确看待、解决问题会避免更大问题的发生，会使我们的工作在一个良性轨道上循环。所以必须明确，材料写作中讲存在的问题不仅是全面、辩证反映情况的需要，更是明辨得失、趋利避害，进一步做好工作的需要。但在实际写作中，谈问题不全面，遮遮掩掩的现象还是有一定"市场"的，主要有以下具体表现：

一是含糊、笼统。如"制约经济发展的深层次矛盾和问题还没有解决"，什么矛盾和问题？为什么说是"深层次"？怎么制约经济发展水平提升？避而不谈。

二是羞答答、软绵绵。如"机关作风建设有待进一步加强，工作力度还应进一步加大，荣辱观念应进一步增强，廉洁自律标准还不够高"，明明可以直接指出的问题，却偏要从正面来说，玩文字游戏，等于什么也没说。

三是避重就轻。比如，某项工作没有做好，明明是思想上的问题，却只写工作方法上的问题；政治教育的针对性、实效性不好，明明存在不少主观因素，偏偏强调客观因素，是由于"教材、器材不够""时间比较紧、任务比较重"。

四是吞吞吐吐。在问题前面加了不少"修饰词"，如"极个别干部的责任心还不够强""极少数单位管理不够严格"。就好像本来不存在任何问题，但出于需要，硬是要找出一点问题来，说不说无所谓，谁也不得罪，我的目的又达到了，你好、我好、大家好。长此以往，指导工作、解决问题就是文字上的游戏了。当然，出现这些情况，原因是多方面的，有文风的问题，有观念的问题，也有工作环境的问题，这里我们不再过多分析。

总之，在材料写作中，如果需要讲存在的问题，却遮遮掩掩，以偏概全，含糊其词，无意于掩耳盗铃，危害不浅。但是，我们也不能走另一个极端，那就是有些人认为的：反映问题越多越好，越细致越好，最好把"七百年谷子、八百年糠"都搬出来，才能显示出认识的到位、工作力度的加大、查问题的彻底。其实不然。讲究指导性，这是应用材料写作的根本目的和重要特征，是材料写作的出发点，也是其质量和生命力所在。

在材料写作中讲存在的问题的目的就是指导单位（个人）认清形势，看到差距，纠正错误，弥补不足，以便能取得更大的进步和成效。但我们也应该认识到，公文材料的写作客体受到多方面的限制。比如，时间、形势是不断发展变化的，一篇材料的指导性在一定的时空范围内才有效；又如，指导对象呈现出多样性，他们需要解决的问题也不尽相同；还有不同种类的材料指导工作的方式也是不一样的，谈存在的问题也不能如出一辙，等等。因此，在起草材料中谈存在的问题，不应存在"韩信点兵，多多益善"的观念，"眉毛胡子一把抓""鸡毛蒜皮一筐装"的做法不可取。而应从材料的种类、涉及的内容、指导对象的实际情况（需要）和大环境背景的要求等方面出发，认真归纳总结概括，突出重点，增强针对性。

具体来说，谈存在的问题时，以下几点可以作为参考：

一是能在材料"下面"指导、解决的，一般不要上材料。我见过有些材料，很好解决的问题，但却非要搬到"台面"上，不知是"以示重视"，还是有特殊情况。

二是特殊的、个别的问题，一般不应上材料。有些问题，纯属偶然现象、个别事例，上了材料，不具备普遍的指导警示意义，就浪费了笔墨。

三是和被指导者无关或者关系不大的，一般不要上材料。

四是内容把握不准，有待商榷研究的，一般不要上材料。

五是不符合文体要求的尽量不要上材料。

六是会造成不良影响的问题尽量不要上公开的材料。

七是与环境、背景、时机不相和谐的，尽量不上材料。

以上列举的七个方面，都是相对而言的，起草材料中，还要具体问题具体分析。至于如何进行具体操作，以及其他需要注意的问题，还需要我们在实践中不断地摸索、总结和积累。

2.抓住本质，切中要害，不要盲目拔高

既要透过现象看本质，不能就事论事；也要把板子打准，不能盲目上纲上线，"一棒子打死人"。

起草材料中，谈存在的问题的目的是为了解决这些问题，但是更重要的，还是要找出存在问题的原因和教训；防止和克服以后出现类似的问题，使工作（事物）能够更好地进步（发展）。因此，谈存在的问题不能仅仅停留在对"问题"的罗列上，而是要通过对存在的问题的分析，找出原因，总结教训，研究制定克服这些问题的方法和措施。也就是说，存在的问题往往都是表面的，我们只有透过现象分析问题的本质，才能从根本上解决问题。这就如同医生给病人看病一样，既要查看病人的症状，也要根据症状寻找病因，然后对症下药，否则治标不治本，庸医误病。因此，谈存在的问题，切莫只顾以事论事，忽视隐藏在"事"背后的本质或深层次原因，而且要进行分析归纳总结，上升到理论层次；也不能把问题与其本质以及产生的原因搞脱节，出现"两张皮"或是张冠李戴的现象。这样，下错了药，不但治不了病，而且可能会使病情更加恶化。比如，少数干部纪律涣散、享乐主义拜金主义思想严重的问题，原因何在呢？从表面上看是自我要求不严、自我放纵的原因，但是从深层次分析，就在于缺乏强有力的思想教育和制度约束，应从这些方面吸取教训，寻找解决问题的办法。

写存在的问题，在总结材料中经常用到。下面是某部机关工作总结的"问题部分"，写得就比较扎实。文字较长，内容较详，共分三段。

在肯定成绩的同时，我们也应看到存在的问题和差距。主要是：

一是学习抓得不紧，能力素质与岗位要求有差距。有的平时忙于事务性工作，满足于完成领导交办的任务，不注意挤时间静下心来抓个人学习，致使能力水平提高较慢，到机关多年仍然不能独立展开工作；个别同志对分管的业务、文件、规定不够熟悉，领会不准不细，工作中提不出有针对性的意见建议，不能充分发挥参谋助手作用。

二是工作抓得不实，质量成效与指示要求有较大差距。有的科室和个人在工作中缺少"一盘棋"的思想，对大项任务、重点工作没有提前谋划，干到哪里算哪里；有的工作满足于会议开了、文件发了，不注意督促检查、跟踪问效，致使有些工作流于形式；有的对领导意图领会不全面，对工作对象的情况若明若暗，完成任务的时效观念不强，工作质量不高，有的甚至出现重大差错，受到领导批评。

三是作风不够扎实，自身形象与先进性要求有差距。有的同志下部队检查工作满足于走走、转转，不能深入基层、深入一线发现并解决问题；有的抓工作凭经验、靠感觉，满足于就事论事，不注意研究部队建设中出现的新情况、新问题，对部队的指导缺乏针对性和有效性。

这份总结谈存在的问题就比较扎实，基本没有"闪烁其词"的空话、多年一贯制的套话。不但列出了问题，还分析了原因。

不管问题部分是否单独作为一个部分，都要把存在的问题找准，该点到的问题一定要点到。分析一些总结材料，问题部分大都过于笼统，没有特点，用在哪个单位都可以；而且今年这样说，明年后年还可以这样说。例如："教育还有薄弱环节""改革创新意识还不强"。什么时候没有薄弱环节？重要的是指出哪里薄弱以及薄弱的表现。"改革创新意识不强"，那么，强与不强的标准是什么？不强的表现是什么？如果不回答这些问题，这一段文字有什么用处？因而，写存在的问题部分主要是把存在的问题点准，忌层次过低，忌过于琐碎。

在机关公文材料写作中，盲目上纲上线的问题确实不容忽视。比如工作中有点失误就说是党委不重视，发点牢骚就说思想观念有问题，把争取正当权益说成是不能以大局为重，把客观的非要说成是主观的，把微观的非要上升到宏观的，把具体的非要说成是总体的，把偶然的非要说成经常的。就如现在有些庸医、"黑医""假医"给病人看病一样：长个疙瘩就说成是癌症；患个感冒，不做手术就说对身体健康极为不利；受点皮外伤就要打石膏。有时，领导指示要"翻箱倒柜"查问题，要"追根逐源"找教训，有些人就教条地领会了指示精神，谈问题一定要升到一定"高度"。这样任意拔高、生贴硬靠、盲目上纲上线的做法，害人害己，更谈不上解决问题、指导工作了。

公文材料写作中讲存在的问题不盲目上纲上线，是能不能正确认识、把握事物的问题；同时，也是文风和工作作风的问题，是不是能实事求是地反映情况的问题。解决这一问题，主要应从两方面下功夫：

一是要加强调查研究，掌握真实情况，对涉及的问题做出正确的分析判断，做由表及里、由浅及深、由点及面的工作要符合事物的发展规律；

二是要始终保持求真务实的文风，坚持讲真话、讲实话，客观公正，不能存在 "不上升高度就解决不了问题" 的错误思想，不能凭个人喜好谈存在的问题，任意拔高，乱 "扣帽子"，"一棒子打死"。

3.是非分明，辩证看待，不要非此即彼

写存在的问题时，既要把是非界限搞清楚，不能良莠不分；也要辩证地看待存在的问题的两个方面，不能非此即彼，"一片树叶把眼睛挡起来"。

机关公文材料写作中谈存在的问题，如何把是非界限搞清楚，不能良莠不分比较容易理解把握。需要注意的是：事物的内在联系和发展是对立统一的关系，不能好就是绝对的好，差就是绝对的差，不是甲就是乙，不是乙就是甲，搞绝对化，所谓 "宁要社会主义的草，不要资本主义的苗" 的做法是不可取的；存在的问题也不能呈现出 "一刀切、一边倒、一阵风、一个模式、一种声音" 的倾向。

目前，机关公文材料写作中谈存在的问题时，有的是犯了 "唯上" 的错误，凡是上级和领导说的都是对的，领导说有问题就有问题，领导说没问题就没问题，原原本本照着领导的意思写就是了；有的犯了主观错误，我认为对的就一定是对的，我认为问题是这样的就是这样的，笔在我手里，我就是主宰，我想怎么说就怎么说；有的是因为鉴别能力不强，不能一分为二、多角度地看待问题，被假象所蒙蔽。这些不同程度地导致了谈存在的问题时 "非此即彼" 现象的发生。

正确的方法是：一是辩证地看、全面地看、联系地看、发展地看，不以偏概全，不"一丑遮百俊"。二是实事求是，全面客观，一分为二地看问题，绝不能各打五十大板或"半斤对八两"、主次不分，要分清主流和支流，这样的问题才符合事物的本来面貌，令人可信可亲，才能从根本上解决问题，凸显机关公文材料的指导性。

梳 "辫子"

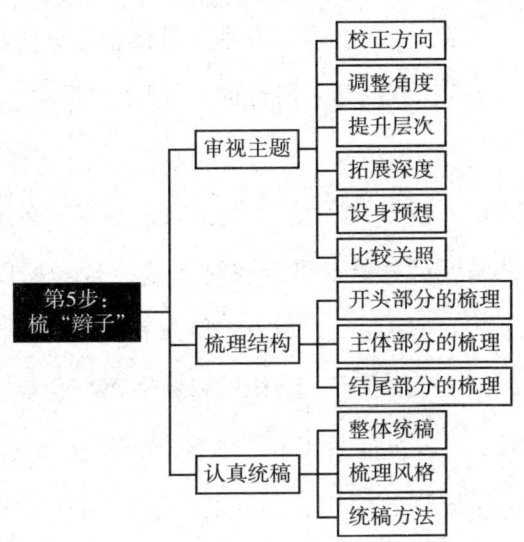

我们把材料的"肚子"填满以后，也就是材料的初稿基本已经写好了，接下来就要进入梳理阶段了。

对大型文字材料来说，这个阶段尤为重要。梳"辫子"主要就是对材料进行梳理，看一看主题是否立得住，内容是否充实，观点是否新颖，表达是否恰当，以及层次结构是否合理等等。对一些专题性公文材料来说，更应该是在"肚子"填满以后，进行整体的梳理，达到"锦上添花"的目的。

一、审视主题

主题是公文材料的灵魂和统帅。主题一变，一切都要跟着变。因此，材料的初稿完成后，首先考虑的就是主题（主旨）能不能立得住，表现得好不好。

文章像人体一样，是一个大系统，每一部分都不是孤立存在的，相互之间都有或紧或松的联系。但每一部分对文章质量所起的作用是不同的：有的是根本性的，是大前提，能决定一切、控制一切；有的是技巧性的，在主题确定的情况下，决定着主题的表达效果，具体包括结构巧不巧，语言好不好，材料实不实，等等；有的是手段性的，是把主题（主旨）转化、细化为观点的手段。

主题是最重要的，但是，"灵魂"不能飘忽不定，必须穿上衣裳才能走上前台，跟人们见面。这就需要借助各种表现手段。所以，"脑袋"变了，"身子"就要跟着变；主题变了，观点就得跟着变；观点变了，材料也要跟着变。即使主题不变，对象变了，结构、材料、语言也要变。试想，同样写爱国主义教育提纲，对象可能是工人、农民、大学生，也可能是部队官兵，还可能是小学生，用同样的结构、同样的语言、同样的事例能行吗？显然不行。

材料写完后，首先要审视主题，发现并解决主题存在的问题。这就需要明确主题高低、优劣的标准，即从哪里着眼看主题。标准错了一切皆错。

概括地说，大型材料对主题的要求是：正确、鲜明、深刻、新颖、集中（单一）。因此，审视材料的主题，不同于一般的看，站位要高，头脑要清醒，不能自己觉得很清楚，别人觉得很糊涂；自己看了很激动，别人看了无动于衷。要以挑剔的眼光，甚至站在自己的对立面上，看材料能不能说服人，能不能启发人，能不能征服人。

（一）校正方向

所谓校正方向，就是校正主题的方向，这里的"正"是动词。方向是衡量主题的主要指标，主题的修改首先要看方向，主题不定，一切皆无依托。马金生先生总结主题的方向修正，一般有三种情况：第一种是微调，通过稍小的调整，使主题方向更正确、定位更准确；第二种是大调，调整幅度较大，但还属于原有框架内的调整，形象一点说，不超过45度；第三种是转向，即掉转方向，原来向东，现在要向西。例如，原先的主题是"没有突不破的防线"，现在改为"确有突不破的防线"，就是"转向"调整。总体来看，主题方向的修改大都属于微调，就是纠正基本意向上的片面性、绝对化，使支持什么、提倡什么、鞭挞什么，符合大政方针，与时代要求一致，与大背景、大环境协调。这就要求我们在修改时认真研究、推敲、斟酌，在细微处下足功夫，使主题的方向端端正正、无懈可击。

（二）调整角度

调角度，是指在主题方向正确的前提下，根据表现主题的需要，调整提出问题、进入主题、表现主题的角度。角度与主题的方向紧密相连，主题的方向决定角度，角度为主题服务，角度是表现主题的手段、实现主题的途径。同样的主题可以有不同的角度。角度的选择应在准备阶段精心构思完成，但写作中的变化和初稿完成后的调整也不可避免。角度虽然属于表现手段的范畴，但角度的变化有时也会使文章质量发生根本性的变化。例如，某单位一位领导要给某学院的领导干部培训班讲一堂管理课，开始按常规思路写，从分析当下学院管理的现实问题入手，讲管理应把握的原则、要求，需要处理的几对关系，讲管理者怎样提高自身素质，等等。稿子很快写出，但感到内容平平、缺乏新意。经过认真考虑，改变了角度，收缩了正面，题目改为"借鉴传统文化，破解管理难题"。首先，简单梳理新形势下单位管理中存在的突出问题，而后，以"重法""用情""驭心""无为""修身"为题，阐述如何从博大精深的传统文化中借鉴有益的思想和方法，破解管理工作中的诸多难题。最后进行了概括：

"重法"，重在强调依法管理，是管理工作遵循的根本原则；"用情"，是管理工作的特色和灵魂；"驭心"，强调知人知心、思想掌控，是管理工作的最高境界；"无为"，强调顺其自然、适度管理，是管理工作的艺术体现；"修身"，强调立德立身、以德服人，是管理者的本钱。

角度的变化，使这一课层次提高、新意益然，授课获得极大成功。这也充分说明了角度调整的重要作用。

（三）提升层次

层次，反映了主题的高度。人们评价文章质量时，"层次不高"是个经常用到的词。何谓层次不高？就是比较琐碎，不够宏观，面面俱到而缺乏概括，匍匐在感性层面就事论事，而不是就事论理，因而不能触及事物的本质，难以给人以强烈的震撼和举一反三的启迪。上层次中的"上"，在这里是作动词。作为主题梳理的一种方法，上层次的基本途径，一是上升到宏观层面，使之具有普遍性；二是上升到理论层面，着重反映规律性；三是上升到工作指导层面，使之具有针对性、指导性和实践性。上层次并不是一味拔高、越高越好，脱离实际、不接"地气"的虚高，不是真正的"高"。

（四）拓展深度

"深"的反面是"浅"，"浅"字有表浅、肤浅、粗浅等语义。在主题修改中"加深度"，就是使文章的立意由浅变深，由表浅的观察变为深刻的洞察，见人所未见，识人所未识，看到问题背后的问题，找到原因背后的原因，拨云破雾，追本溯源，探究根本，抓住本质。一要以深刻求深入。主题的深刻才能触动社会的神经，给人打下深深的烙印。二要以尖锐求深入。尖锐性体现着主题的鲜明性。所谓鲜明，就是旗帜鲜明、观点鲜明、表意鲜明、用语鲜明，不能含糊其词、钝刀割肉、欲说还休。三要以具体求深入。具体和抽象是一对矛盾。为了概括事物，需要抽象；为了加深印象，需要具体，就是通过具体化来加深主题。四要以集中求深入。集中，就是收缩正面，突出指向性、针对性，向核心汇集，向焦点聚焦。一篇文章也好，一份公文也好，目的要单纯明确，不枝不蔓，突出重点，紧紧围绕主题，把中心思想说深说透。论证可以发散，但主题必须集中。一篇文章解决一个问题也是好的，不要期望什么问题都解决。对主题的修改，一般是做减法而不是做加法，即通过舍弃不重要的问题，把主要问题突出出来。这样，力度就加大了，主题就加深了。

（五）设身预想

就是预想材料传播出去，会在读者中引起什么反响；文件发下去，会产生什么效果，起到什么作用。例如，设身处地想一想，如果我是一名基层干部，听了这个动员，会有何感想，能不能受到激励，会不会热血沸腾、摩拳擦掌；如果我是上级领导或工作组成员，听了这个汇报，会有什么整体印象；这些内容是不是领导最想知道的，等等。写任何材料，都要考虑社会效果。这种效果，包括的范围是很广的，如总结讲话可能引起的思想反应，事故通报可能产生的警示作用，工作指示下发后产生的指导作用，经验材料和典型材料的示范效应，等等。总之，要看能不能达到预期的效果，会不会出现不可预期的效果，有无副作用产生。避免一厢情愿，不管效果如何，只顾埋头写，致使文章发表、公文下发后出现始料不及的问题。

（六）比较关照

就是把我们撰写的材料放在一个大环境下，上下左右比较、关照，不要孤立地看。关照是发现问题的好方法。一要上下对照。就是放在战略层面，看材料的主题跟大政方针、法规制度、政策文件、会议精神、工作大局、上级要求符不符合。这样一对照，"对不对"的问题就容易发现了。二要左右对照。就是放在全局范围，看材料主题有没有片面性和绝对化的毛病，有没有抓住一点不及其余的问题。比如，强调这项工作重要时，贬低了另外一项工作；强调一种改革形式时，否定了另一种改革形式；强调信息的重要性时，忽视了基础的作用；强调了指挥的作用，忽视了做法的作用；强调了机关的指导性，忽视了发挥基层的自主性、主动性。这些问题，孤立地看，不容易发现；只要一对照，立马就显现出来了。

二、梳理结构

我们在写作大型文字材料的时候，都必须从整体上把握其篇章结构。只有弄清了篇章结构，理清了文章的脉络，才能洞悉作者的行文思路，掌握文章的内容要点，进而准确理解文章的主旨。

对大型文字材料结构的要求，概言之，就是严谨、自然、完整、统一、连贯。材料结构的梳理分为几个部分，各部分占多大比例；材料的各个部分的先后安排，开头、结尾、顺承、转进、过渡、照应等。

下面，按照开头、主体、结尾的顺序，我们看一下如何进行梳理。

（一）开头部分的梳理

开头是一篇公文材料的"眉目"和"眼睛"，能够起到揭示行文的主旨、统揽全篇的重要作用。撰写公文的开头，一定要遵循特定的规律，不可随意而为。公文开头部分的写作存在的问题表现为以下几种。

一是开篇离题。有的材料开头就离题十万八千里，云里雾里，天上地下，先说一堆无关紧要的话，绕来绕去，迟迟不能进入主题；有的谈背景太远，把陈芝麻烂谷子的历史资料全搬出来；有的谈意义太远，从全国到省部级，再到市县级，再到乡镇，扯得太远，拖沓不堪，给人牵强之感；有的截取点太远，不知从哪里开始 "第一刀"；还有的开头落笔虚，虚话多、空话多。

二是引据不当。有的文件材料通常要在开头部分交代行文的依据，这个依据可以是上级的要求，也可以是公务活动中实际存在的问题。引述上级要求应注意做到明确，避免含糊；引述实际存在的问题，要注意做到简明概述，避免冗长累赘。如果不是这样，即属引据不当。

二是事物不清。陈述性文件，如工作报告、工作总结的开头，不仅需要交代事物的量，而且要明确阐述事物的质，否则，即是事物不清。

三是情况繁杂。工作报告、工作总结的开头，通常要用非常简明的语句概述一个时期的基本情况，切忌情况复杂、数字详列。

四是平淡无力。综合反映情况的通报、简报，在开头处应对下面所要反映的情况作概括的交代，以唤起人们的注意，使人一看开头即可把握情况的主线，否则，即是平淡无力。

材料的开头应开门见山，尽快进入主题。其方法很多，如说明缘由、落笔入题，直截了当、提出问题，开宗明义、揭示主题，等等。比较常见的，或以根据开头，或以起因开头，或以目的开头，或以引文开头，或以概述开头。不管怎样开头，都应简洁明了、力避拖沓。这些，需要在梳理时注意改正。

（二）主体部分的梳理

主体部分的结构指材料内部的构成，主要包括结构的完整性和匀称性，层次和段落，过渡和照应。

1.完整性方面的梳理

材料要有一个完整的结构。结构不完整，或是总体布局存在缺项，该有的没有；或是没有充分展开，缺胳膊少腿，缺乏稳定支撑。同一个题目让一百个人去做，会做出一百篇不同的文章，这是很正常的。这体现了文章的个性化特点。这一百篇文章的主题思想、结构形式、论述方法也可以多种多样，而且必然会多种多样。但是，这篇文章所回答的问题的"范围"应该是确定的。也就是说，哪些问题是范围内的（必须回答），哪些是范围外的（不必回答），是确定的而不是任意的。因而，梳理就要先从大处着眼，这个大处就是指结构的完整性。首先看该有的是不是有了，应该说明、解释、阐述的问题包括进去没有。如果把一篇文章比作人的手掌的话，"五个指头"就体现了文章的完整性，"四个指头"和"六个指头"都不符合完整性的要求。

2.匀称性方面的梳理

匀称性方面的毛病主要是指各部分不成比例，畸大畸小。如脑袋太大，尾巴太长，肚子太大或太空。有的文章中间鼓个大肚子，其他部分向下延伸一层，这一部分延伸两层甚至更多。有的材料与此相反，肚子太瘪，该突出的没突出，该加强的没加强。纠正匀称性方面的毛病，不仅要使各大部分篇幅相对匀称，伸展的层次保持一致，还要审视各部分的主次、详略是否得当。

有的不均衡是由于详略不当引起的。既然每个部分承载的任务是基本均衡的，那么，落实到文字上应该不会有太大差别，为什么写作中还会出现畸大畸小、轻重悬殊现象呢？主要原因是不善于掌握详略。要"按需行文、够用即可"，要学会长话短说。

有时不均衡是由于展开的方法不当造成的。以"建立和完善人才激励机制"为例，至少有两种展开方法：第一种是直接写建立和完善哪些机制，有几个写几个；第二种是先写为什么建，再写怎么办。显然，采用第二种展开方法写出来的材料会长一些。以第二种为例，写"为什么建"也有好多方法：引经据典，逻辑论证，实践分析，纵横对比，等等。这些方法可以只用一种，也可以同时使用，展开方法不同，写出来的篇幅必然大小悬殊。而通过恰当选用这些方法，就可以达到压缩或扩展篇幅的目的。

3.层次和段落的梳理

层次和段落方面的问题有以下几种。

一是前后错位、次序紊乱。就是不注意层次的连贯性和逻辑性，不考虑事物之间的时间关系和内在联系，因而造成时间顺序错乱、空间顺序错乱、逻辑顺序错乱。比如，打乱时间顺序，不按时间先后去写，而是先发生的后写、后发生的先写，导致时序混乱，使读者理解困难。再如，违背递进关系，不是按既定标准排列顺序、逐层深入，而是颠三倒四、交错混杂，前面用过的语句后面重复出现，前面说过的意思后面重新提起。

二是该分不分、杂糅拼凑。不注意层次、段落的单一性和独立性，把一些互不相干的意思放在一个层次或段落里，造成"多中心"。如有的材料，着重强调的地方不单独设段；有的材料，不是按照表意的需要分段，而是根据字数多少分段；还有的全文不分段，一段到底，导致层次不清。

三是主次不分、详略不宜。就是不注意层次和段落的匀称性、协调性，该详细写的粗略写，该概括写的具体写，繁简失度，轻重不适，长短不当，导致布局倾斜、畸轻畸重。

四是意思分散、缺乏统一。就是不注意层次、段落的完整性和统一性，一个意思不在一个层次、一个段落集中讲完，而是把一个完整的意思拆烂打散，分成数段，哪一段都没有完整的表述。

五是一无撮要、二无标项。就是不注意层次、段落的鲜明性和条理性，尤其是内容多、篇幅长的公文，层次要点模糊，段旨不明，既无小标题，也无概括句。同时，不善于运用结构层次序数和数码词语，如第一、第二、第三，首先、其次、再次，一是、二是、三是，因而不能给人以突出、醒目、鲜明之感。

材料的层次和段落是否清楚，思路是否通畅，一般可以先从大小标题之间的关系来看。如果材料不设小标题，则要通过内容去判断。例如，论说型文章在内容上是否符合"提出问题——分析问题——解决问题"的逻辑联系；全文的布局、层次和段落的安排是否有条理；层次的脉络是否分明、顺畅；各段的分论点是否明确、协调。一篇文章应做到前后呼应、内容连贯，头尾及各个部分之间环环紧扣、相互依存、融会贯通。比如，"存在问题"和"对策"之间，应该有"原因分析"；"任务"和"成果"之间，应该有"方法措施"；"党委重视"和"基层落实"之间，应该有"机关合力"。如果没有中间环节，"向上推进"就会感到"爬坡吃力"，"向下深入"就会感到"一脚踏空"。在空白处"填上土"，在脱节处"连上线"，在踏空处"搭上梯"，才能使材料保持结构的严密和体系的完整。

材料的层次安排是有规律可循的，一般按照文种、内容的不同，着眼表达主题的需要，或按时间顺序，或按发展过程，或按逻辑联系，来安排层次。思想的条理性，通过论点的层次和顺序表现出来。写作中，对全篇的大小论点要分类排队。排队时要想清楚：哪些论点是并列关系，哪些论点是从属关系。具有从属关系的论点，哪些处于一级，哪些处于二级、三级；哪些应该先说，哪些应该后说；哪些是对此而言，哪些是对彼而言；哪些与哪些靠得近，哪些与哪些隔得远，等等。把这些想明白、理清楚，写作时才能合乎规律地推进和展开：拆除一层障碍，逼近一步目标；交代一层关系，引出一种议论；走完这一步阶梯，踏上那一步阶梯。一步一步地抓住读者、引导读者，把中心思想表达清楚。材料层层深入、有条不紊，是思路层层深入、有条不紊的表现。写作中的经验告诉我们：思想跳跃、语无伦次很难顺利地表达思想，层层剥壳才能逐渐暴露 "笋心"。

4.过渡方面的梳理

材料是由各个层次、各个段落组成的。各个层次、各个段落应该互相衔接、前后联系，首尾呼应、全篇贯通，紧凑严密、形成整体。这些要求需要通过过渡和照应来完成。

过渡是使文脉贯通的重要手段。写作中常犯的毛病是转换突然、互不关照，不注意整篇文章的衔接性和一致性，在层次和段落较多时，不会妥善地运用过渡这一手段，在内容转换及表达方式和表现手法变换时，不会用过渡词、过渡句或过渡段来衔接前后层次和段落。其结果是，上下不连贯，脉络不清晰。比如，有的材料开头和主体之间，缺少承上启下的过渡语句；有的内容转换时突如其来。有的材料甚至没有开头部分，大标题下不作任何交代，上来就是第一个大问题。

过渡和照应是使材料脉络畅通、线索分明、前后呼应的重要手段。过渡指上下文之间的衔接转换，是材料层次与层次、段落与段落之间表示连接、承转的方式。过渡在上下文中间起桥梁作用，使相邻的两个内容、两层意思或两个段落彼此衔接、上下贯通，让读者的思路能够顺利地由前面转到后面。因此，为了使材料脉络清楚、线索分明或层次紧凑、逻辑严密，必须搞好过渡。材料如果没有必要而恰当的过渡，各个部分、各个层次之间就会脱节，流于松散。

在材料写作中，以下几种情况往往需要过渡：一是 "由总到分" 或 "由分到总" 的开合处，通常需要过渡。二是由叙述转为议论，或由议论转入叙述时，一般也需要过渡。三是内容由一层意思转换到另一层意思时需要过渡。也就是说，各个层次、各个段落之间，如有转折或跳跃就要安排过渡。否则，前后就难以衔接连贯。至于过渡的方式，可用过渡段，也可以用过渡句，还可以用关联词语。

5.照应方面的梳理

照应与过渡不同，它是不相邻的层次、段落之间的关照和呼应，目的是增强线索的清晰感和内容的整体感。在写作中，要使材料语气连贯、脉络分明、意思清楚、结构紧凑，或者使某种思想表现得更突出、更明确，更有感染力和说服力，更容易引起读者共鸣，不仅要把道理交代得清清楚楚，而且在后面还要适时与其照应。通过照应，加强与主题的联系，对主题进行强调和强化。

有的材料前面有问题，后面却没有答案；前面有伏笔，后面却没有发挥；前面有呼，后面没有应。

照应是与前文有机联系的发展，也是使论述层层深入的方法。结构完整的材料应该是这样的：前面写到的事，后面要有回应；前面的话头，后文要接住，不使其落地踏空；有时后面谈到的问题，前面往往先埋下伏笔，后面的话会在前文找到根由，不给人以突兀之感。文章通过前后照应、互相补充，使所写的事物或问题更加鲜明和突出。照应得好，才能使材料脉络清晰、线索顺畅。如果前后缺乏必要的照应，材料就会显得连接不严密、交代不清楚。

一是"前后照应"，即前后文的关照呼应。为使材料的发展"波澜起伏"、富于变化，常常要在开端或发展的某个段落藏一些"伏笔"、留一些"悬念"。凡是在前文留下的"伏笔"和"悬念"，后面都要适时予以照应。

二是"首尾照应"，即材料的开头与结尾的关照呼应。"首尾照应"是最常见的照应，它使材料头尾更加协调、统一、完整。开头结尾相呼应，不仅给人以结构完整之感，而且可以收到概括全文、突出主题的效果。有些总结、报告、讲话，开头讲完基本情况，往往在结尾处就全文的中心问题加以概括，从而突出主题，加深受文者的认识。

三是"断"与"续"的照应，主要见于典型事迹材料。这类材料一般沿着一定的线索前行，按照事件发展的过程和人们认识事物的顺序展开。但在顺叙过程中，往往需要插入必要的描写、抒情、议论、说明。这时，材料的线索就要暂时中断。为使中断的情节线索重新接续下去，一般要在"续"的时候重复"断"处的一个意思或一句话，使前后文照应起来。

（三）结尾部分的梳理

结尾是材料的一部分，但并不是所有材料都有结尾。"结尾"不同于"结束"，材料的最后一段不一定就是材料的结尾。不好的结尾，会冲淡中心思想，削弱文章的表达效果。下面是常见的几种不好的结尾：

一是不紧扣上文。结尾是文章全部内容发展的必然结果，应与主体有紧密的联系。但有的结尾与上文联系不紧，给人以可有可无的感觉。

二是概括不准确。当以概括全文法结尾时，有的没有把文章最重要的东西总结出来，甚至节外生枝，说一些题外的闲话。

三是结尾重叠。本来材料已经有了一个结尾，又加上一个不必要的结尾。这也不符合结尾要干净利落的要求。

四是结尾和开头重复。结尾和开头有联系，但要避免重复。重复往往是作者思路不清、内容空虚或语言贫乏的表现。

五是结尾公式化。文章忌千篇一律，结尾也是如此。公式化结尾最常见的是表决心和喊口号。

结尾是整篇材料内容发展的自然结果。如何结尾，没有固定的格式，要依据体裁、内容和中心思想来定。具体注意三点：

一是不早不迟，即结尾的时机和内容要顺其自然、合情合理。结得太急，会让人感到突然；太迟，则会破坏文章的气势。

二是干净利落，不要拖沓。有的材料，正文不长，结尾很长，不成比例，被喻为"松鼠的尾巴"。

三是内容凝练，收束有力，对全篇有概括、有升华，能给人以启发和回味。

这三点，需要我们在梳理结尾时注意。

三、认真统稿

统稿，在材料梳理中是很重要的一环。尤其是大型文字材料由多个人分别撰写的，更需要认真统稿。

（一）整体统稿

统稿也是一种梳理，因为，虽然各部分的写作是按提纲进行的，但各人有各人的认识水平和写作特点，要使它们统一起来，变成像一个人写出来的，当然免不了要动些"手术"。从总体上说，统稿所要关照的是整体而不是个体，就像乐团指挥所关注的只是演奏的整体效果而不是个人的演奏水平一样，某一部分哪怕写得再好、再精彩，但如果与整体不相协调，也要进行必要的调整梳理。具体来说，统稿要注意以下问题：

（1）梳理材料各部分之间的相互联系，处理好起承转合各环节的问题，使之前后照应，形成有机整体，防止松散脱节。

（2）梳理材料各部分与主题的联系，使之共同为主题服务，防止个别部分脱离主题"开小差"。

（3）梳理材料各部分内容是否大体均衡协调，防止繁简不齐。

（4）梳理材料各部分内容是否紧密衔接和配合，是否层次分明、脉络清楚，防止互相穿插，颠倒重复。

（5）梳理材料重点部分和非重点部分的布局、篇幅是否合理，防止重点不突出，主次相混淆。

（6）梳理材料各层次标题之间的逻辑关系是否严密、制作质量是否达到了同等的标准，防止各搞一套。

（7）梳理材料关键提法、关键词、关键数据的运用是否前后一致，防止互相矛盾。

（二）梳理风格

风格，即一定的个性和特色。古诗词中有豪放派、婉约派之说，指的就是不同诗词作家在写作中所形成的不同特色。在大型文字材料写作中，风格就表现为不同的思维习惯、不同的表达方式和不同的写作特点，比如：有的高屋建瓴，寓意深刻，有的深入浅出，通俗易懂；有的言辞泼辣，锋芒毕露，有的温和委婉，柔中带刚；有的简洁明快，干净利落，有的细腻周到，滴水不漏；有的文采飞扬，句式优美，有的平自如话，质朴无华；有的妙语连珠，生动感人，有的严肃庄重，实实在在；有的气势宏大，新意迭出，有的中规中矩，谨慎稳妥；有的流畅自然，一气呵成，有的字雕句琢，老成持重——所有这些，都是不同风格的具体表现。不同撰稿人分别起草不同的部分，也必然体现着各人的不同风格，即使在起草前交代了他们要注意保持某一种风格，但在起草时仍然摆脱不了各自风格的痕迹，因为要让一个人突然间完全改变自己的风格，毕竟不是一件容易的事。而统稿者的责任正是在于：把各种不同风格尽可能统一起来，使全篇大体保持着同一种风格，让人感觉到这篇材料是出自一人之手，而不是一篇令人眼花缭乱的"风格大杂烩"。

（三）统稿方法

比如，有的部分写得很简洁，有的部分写得很详尽，怎么处理？有的部分夹叙夹议，有的部分只叙不议或只议不叙，怎么处理？有的部分句式简短，干净利落，有的部分惯用长句、复合句，怎么处理？有的部分条理性很强，段落划分较细，序号用得较多，有的部分则是板块式地展开，虽有条理但不用序号，怎么处理？所有这些，都是统稿时必须处理好的。这就像组织大合唱，必须让大家脱掉各自的服装穿上统一款式和颜色的服装一样。接下来就有一个关键性的问题：将不同风格统一为哪种风格呢？我们可以这样来选择：

1.按统稿人自己的风格来"统"

如果统稿人也承担了该材料有关部分的起草任务，则以统稿人自己的风格来"统"。这样做的好处是：统稿人对自己的风格可以驾驭自如，对不同于自己的风格反应敏感、体察细致，这样，不需花多大工夫就可以把别人的风格"统"过来，不仅节省时间，而且"统"的质量一般也较高，不会露出拼凑的痕迹。

2.按较为突出或多数部分风格相近的来"统"

如果统稿人没有参与起草，则选择其中比较突出的、对路的一种风格为代表，让其他风格向它靠近。或者，如果占多数部分的风格相同或相近，则可采取少数服从多数的办法，以"多数"为主体，让另外的"少数"向它靠近，这样就可以节省统稿的时间和精力。

3.按自己惯常的风格来"统"

如果统稿人没有参与起草而以自己惯常的风格来"统"，那当然也未尝不可，但由于自己没有参与起草，对具体情况和思维环境不熟悉，就会有缺乏身临其境的弊端，"统"当然也可以"统"得出来，但必然要多费一些周折。所以，除非各部分都写得很糟，任何一种风格都不可取，非把自己的风格加入进去不可，一般情况下还是采取第二种办法为宜。

上述几点，只是笔杆子从自己的角度出发的统稿办法，但无论选取哪种风格统帅全篇，最终还是要与领导的要求和风格对上号，特别是领导讲话和以领导个人署名的文稿更应如此。这一点，我们在统稿时尤其需要重点把握。

优秀的写作风格要有独到的见解，高人一筹的观点；有严密的逻辑思维，无懈可击；有求真务实的文风，没有空话套话，贴近群众，贴近生活；有鲜明的个性语言，说接地气的话。

此外，在对材料进行梳理时，还应对语言的精确、材料的运用、表达方式等进行梳理。

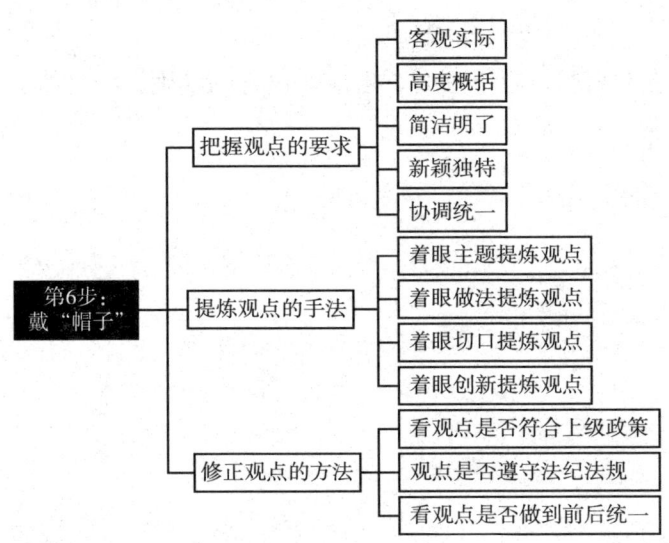

思想观点是材料的关键，更是材料的灵魂。观点站不住脚，整个材料就失去了它存在的意义。而戴"帽子"，就是指对公文材料的观点进行提炼修改。一篇材料尤其是大型文字材料成型后，必须对材料所戴的"帽子"进行检查，既不能大，也不能小。

鲁迅先生说："记人，最好记他的眼睛，因为眼睛是心灵的窗户，最能反映人的风采和魅力。"对一篇材料来说，观点犹如"文眼"，最能体现材料的风格和水平。看人看双眼，看文看观点。思想和观点对一篇材料来说至关重要。

思想是灵魂，观点是骨架，素材是血肉。内容是具体性的，观点是概括性的，后者是提炼出来的。所以，观点必须根植于丰富的材料内容之中，以精短的文字准确集中地表达具体内容。从一般意义上来说，观点就是层次标题。我们写材料都有这种感受，根据一篇材料的主题，将几个层次的观点提炼出来，就如盖房子一样，搭起了材料的大框架，然后顺着思路考虑各个层次的具体展开，这样就能达到各个层次互相联系，朝着一个共同目标——深入表达主题的效果。无论采用平行式观点，从平行的几个方面、不同角度去表达主题，还是采用递进式观点，剥笋式地一层层地去深化主题，这些观点都是为表达主题而服务的。

我们酝酿写一篇材料时，都要准备大量的具体素材。这些素材有点上的，有面上的，有背景的，有数字的，有正面的，也有反面的。没动笔前，我们可能是装了一脑子，记了一本子，还有参阅材料摆了一大摞子。很多事例感到都不错，对哪个例子用还是不用感到不好把握。但只要思想观点一旦定下来，素材就会根据层次观点的需要，各得其所，派上用场。因为在公文材料写作中，素材是靠观点来串的。这些观点对上受主题思想的指导，对下统率着具体素材，承上启下，把主题、层次和事例聚成一个统一整体。这样就使精选的素材在层次观点的统率下，不仅明确地表达各层次的思想观点，而且还为体现整篇的主题思想发挥着自身的作用。

一、把握观点的要求

对文字材料观点的要求，一般概括为五个方面。

（一）客观实际

就是观点产生不是凭空想象的、主观臆造的，而应该是从大量材料中提炼出来的，是感性认识上升到理性认识的结果。观点要符合客观实际，要经得起实践考验。

（二）高度概括

有两层意思，第一是观点要能概括内容，不能以偏概全；第二是观点不大不小，不是泛泛地摆现象，而是要透过情况的表象，去挖掘事物的本质，要对情况进行加工、提炼、抽象，概括最能代表事物特征的东西。比如，撰写一篇总结报告，就要高度概括、善于提炼，分门别类、条分缕析，深入总结，取得了哪些成绩？存在哪些问题？特别要认真梳理工作亮点，总结几条对未来、对他人能有借鉴指导意义的规律出来。

（三）简洁明了

简洁明了即观点的文字表达要简练、明确，以最简短的文字，表达容量最大的内容。观点的表述，有的是词组，如"提高思想认识，加强组织领导"，就是动宾词组。也有的是短句，比较简明，便于理解。

（四）新颖独特

主要是观点要体现事物发展的新情况，要有新意，不能老一套。过去有的单位写材料，今年套用去年的，明年套用今年的，年复一年，都是老一套。情况是在不断变化的，事物也是在不断发展的，人们的认识也同样是不断提高和更新的。当然，强调观点新颖，并不是要脱离实际，搞花架子，单纯去找新词、俏皮话，这就没有了现实意义。总之，要从实际出发，力争观点有点新意。对于一些正在探索的重大问题，则需要在认真研究或具体实践的基础上进行概括提炼，形成重要观点。比如：某单位领导在讲话中谈及党管干部时，提出"五管五关"的原则，即"管方向，把好政治关；管标准，把好准入关；管程序，把好决策关；管作风，把好思想关；管监督，把好审核关"，观点新颖独特，思想性、理论性、创新性、指导性很强。我们写经验体会、典型材料、调查报告、工作总结等，不像文艺作品那样，大跨度地反映事物从过去到现在的变化，而是反映的活生生的当下的客观现实。这就要求我们在确定观点时，把握形势的发展变化，研究新情况，引出新经验，从而对工作产生指导性影响。在材料写作中，有这么一句俗语："你无我有，你有我新。"说的就是这个道理。过时的、没有指导意义的材料，是不会受到读者欢迎，也不会引起各级重视的。

（五）协调统一

一是指观点和要表达的内容在形式上要协调；另一个是指观点之间要协调好，文字的表述应力求基本差不多，表达方式也应基本一致，这样可以增加文字表达的效果。

二、提炼观点的手法

河南大学赵宗庆教授在《应用写作的思路与层次观点》一书中，将思想和观点的表达样式分为"针对特点式""处理关系式""肯定否定式""破立结合式""克服偏向式"等二十四种。我认为，这些样式只是为我们提炼观点提供一个大概思路。由于材料的内容和角度不同，再好的观点样式也不可能照搬照抄。要提炼出自己材料的思想和观点，只有开动脑筋，调动自己的积累，从对材料的梳理中，从对背景和事例的分析中，从对前后变化的对比中，提出和升华富有启迪和指导性的观点。如何提炼？要做到以下几个方面。

（一）着眼主题提炼观点

"一星中立，众星拱卫。"主题是一篇材料的灵魂和轴心，各层次观点是主题思想在各个阶段的展开。主题对观点有统率功能，观点对主题有服务的特性。所以，紧紧围绕主题是提炼观点的最基本的方法。一方面，我们要从主题思想出发，研究能够说明主题的表达方式；另一方面，要坚持局部服务于整体，把层次观点和主题的表达联系起来看，看是否为主题的表达做出了最大的努力。此外，还要和其他层次的观点联系起来看，看格调是否一致。

（二）着眼做法提炼观点

不少同志在写材料时，经过深入调查研究，掌握了大量的具体事例，在提炼观点时，总爱从做法上来考虑。当然，如果做法很有特点，而且是新的，也可以从做法上出观点。但就一般而言，仅从做法上出观点，往往容易使观点肤浅，也容易出现雷同。这是因为各单位在贯彻落实上级指示，开展某项工作的做法大体上都是差不多的，有差异的是在工作指导和具体内容上。所以，提炼思想和观点，要注意透过具体做法，从指导作用上来考虑，往往能够提炼出思想性强的观点。从这个意义上来说，谁能够透过做法看指导作用，谁就掌握了提炼思想和观点的"敲门砖"。

（三）着眼切口提炼观点

切入口要小，开掘要深，这是提炼观点很重要的方法之一。我们在写材料时往往出现这种现象：在思想上也有往深层次探讨和提炼观点的愿望，但老是担心这也该讲，那也该说，面铺得很宽，结果造成面面俱到，什么都说到了，什么也没有说深。所以，不管是写经验材料还是写典型事迹，选的口子要小，进去以后再一层一层地开掘，这样提炼出的观点最能打动和感染读者。

（四）着眼创新提炼观点

在科学研究和发明上，要力争填补空白。联系我们写材料的实际，这个提法也值得我们思考和借鉴。我们在提炼观点时，要在对已占有材料做到心中有数的基础上，瞄准某个方面的空白处和薄弱点进行反复研究。这是提炼观点的又一重要方法，也是比较难的方法。要做到这一点，就要把已有材料反映的弱点作为自己研究的重点，敢于坚持进入新领域，开发"处女地"，获得"专利"或"版权"的观点，把材料写作提高到一个新水平。

结合上面内容，提炼观点可以用几句话来概括，即：从上边向下边看，看提炼的观点对不对；从外面向里看，看提炼的观点新不新；从全局看局部，看提炼的观点指导性强不强；从主题看层次，看提炼的观点表达主题深刻不深刻。

三、修正观点的方法

（一）看观点是否符合上级政策

要注意材料的基本观点，特别是表达主题思想的观点，是否符合马列主义的基本原则，有没有违背辩证唯物主义的地方，尤其是工作报告、工作总结、调查报告一类，对其基本观点更要严格把关，切忌片面性、绝对化，强调了一面，否定了另一面。比如，在总结工作时，讲成绩，常常容易肯定一切，说得尽善尽美。在批评别人时，又常夸大其词，把人家说得一无是处，否定一切。提倡民主时，往往忽视集中，甚至否定了党的领导；强调自由时，又否定了纪律，否定了四项基本原则。当前，在有关经济体制改革的文件中，经常出现提倡搞活经济时，忽视宏观控制；论述市场调节时，又全盘否定计划的必要性，不顾时间、地点、条件，一讲搞活就要求彻底放开。在强调思想政治工作时，往往说成精神万能；而讲物质鼓励时，又变成钱能通神，等等。特别是结论性观点，既要明确又要全面，要掌握好分寸，尽可能做到恰如其分。

（二）看观点是否遵守法纪法规

要注意材料的基本精神和各项措施，同党和国家的基本方针、政策、法令一致，同上级机关、平行机关、本部门的规定没有矛盾。如有违背党和国家的方针、政策、法令的必须改过来，否则和中央在政治上保持一致就是空话。至于和上级机关、平行机关、本部门的规定不一致，除专门否定或发展这些规定的文件外，也要使之一致起来，否则，会给工作造成矛盾，带来混乱。这方面特别要注意的是法规性文件。在现实生活中，两个规定互相打架的事是常常可以见到的。特别是不同部门之间，一要"放"，一要"收"，弄得有关方面无所适从。其原因，除了部门之间利害不一致外，就是撰写者事先对情况了解不够，和有关单位没有通气、协调。

（三）看观点是否做到前后统一

材料本身的观点要始终如一，不能有自相矛盾的地方。如果一份材料本身的观点就很混乱，甚至"自打嘴巴"，印发后就根本无法执行，还会给工作造成混乱。这方面常见的情况是，两个矛盾的观点在同一份材料中都被肯定；某个论点前面肯定，后面又被否定；要肯定的观点材料不充分，没有足以服人的例证和论述，而与此相对立的观点却写得十分生动具体，事实上压倒了正面的内容，客观上形成反宾为主的局面，造成了对该肯定观点的否定。还有证明观点的事例之间有矛盾，统计口径不一致，前面用工农业总产值，后面用社会总产值，前面讲全市，后面又变成某个区等等。有的材料内容本身没有矛盾，但由于某些话或例证在当时的环境条件下会产生副作用，也要注意改过来，否则主观意图和客观效果会背道而驰。

过"稿子"

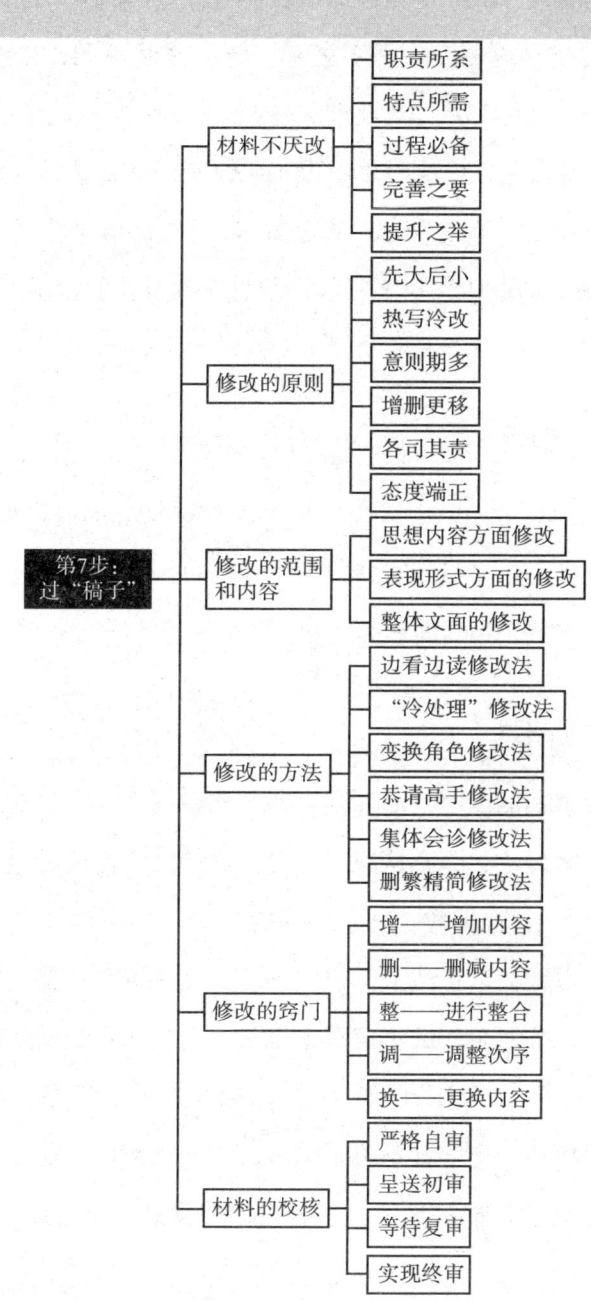

- 第7步：过"稿子"
  - 材料不厌改
    - 职责所系
    - 特点所需
    - 过程必备
    - 完善之要
    - 提升之举
  - 修改的原则
    - 先大后小
    - 热写冷改
    - 意则期多
    - 增删更移
    - 各司其责
    - 态度端正
  - 修改的范围和内容
    - 思想内容方面修改
    - 表现形式方面的修改
    - 整体文面的修改
  - 修改的方法
    - 边看边读修改法
    - "冷处理"修改法
    - 变换角色修改法
    - 恭请高手修改法
    - 集体会诊修改法
    - 删繁精简修改法
  - 修改的窍门
    - 增——增加内容
    - 删——删减内容
    - 整——进行整合
    - 调——调整次序
    - 换——更换内容
  - 材料的校核
    - 严格自审
    - 呈送初审
    - 等待复审
    - 实现终审

　　文章不厌千回改。一篇文章，无须修改，一次成形，即可达到完美无瑕，是很难想象的。材料写作中，我们只有通过对写作客体反复认识，反复发现，反复完善，对写作技巧反复锤炼，才能不断提高材料质量和写作水平。古有把"僧推月下门"改为"僧敲月下门"，"春风又过江南岸"改为"春风又绿江南岸"等故事，一字之差，意境截然不同；也有"字字吟来都是血"等感慨。毛泽东同志曾经批评不注意修改文章的人，说："文章写好之后，也不多看几遍，像洗脸之后再照照镜子一样，就马马虎虎地发表出去。其结果，往往是'下笔千言，离题万里'，仿佛像个才子，实则到处害人。"由以上可见，修改工作对文章写作起着非常重要的作用。

一、材料不厌改

　　修改是按照领导意图或上级文件精神，对材料全部内容和形式的检验、梳理、加工和修正，是对写作客体的再思考、再组合、再完善，是写作主体自我超越、吐故纳新、不断前进的过程。

（一）职责所系

　　文章是客观事物的反映，而客观事物是错综复杂的，只有反复研究，深入思考，才能全面理解、深刻认识、正确把握。文章修改的过程，实质上就是认知由此及彼、由表及里、由浅入深的过程。如果对文章不进行细心修改，经常把文不对题、词不达意、层次不清、文字混乱、错别字连篇的稿子送到领导案头，既是对工作的不负责，也是对自己的不负责。改稿是出精品力作的根本之基。欧阳修刚开始习文时，把写好的文章贴在墙上，想到就改，有时改到原稿连一个字都不剩了。古人炼字以意胜，而不以字胜。故能平字见奇，常字见新，朴字见色。只有抱以"文必反复修改"的认真态度，才能写出精品来。

（二）特点所需

修改是体现公文材料写作特点的重要手段，还有其特殊意义。它是体现公文写作的重要手段。首先，公文材料都是"遵命而写"，要求起草者领会上级精神及制发机关领导意图。这意图常常不是笔杆子在初稿写作中就能全面、深刻领会的，而且领导的想法也会变化、深化。这种笔杆子同领导者之间的差距可以在修改时得到缩小。其次，笔杆子常常受限于工作实践和职权范围。常有这样的事，笔杆子不是该公文所反映的公务活动的实践者，所写内容也不是其职权范围内的事，这样起草的公文难免有种种缺陷，修改是弥补缺陷的积极措施。第三，公文材料不是笔杆子一个人能定的，有关部门、领导对公文有审查的义务和权力，修改是实施其审查权力的具体体现。第四，公文的权威性和实用性决定了制发公文必须严肃认真，一丝不苟，容不得半点差错的。因而马马虎虎、草率而成是不行的，必须经过各个层次认真反复的修改才能成文。

（三）过程必备

修改是公文写作过程中的一个重要环节。修改是在新的水平上的写作活动。需要笔杆子和有关部门、领导以读者和批评家的眼光对初稿进行审视，分析研究后，发现问题，反复推敲，使初稿中不尽如人意、不完善处得到改正，使初稿上升一个层次，在认识和表达上都达到新的水平。这种全面修改，是写作过程中一个不可缺少的重要环节，是关系公文材料成败优劣的创造性劳动。马克思的《资本论》经过多次修改，最后还要作文字上的润色。他在给恩格斯的信中说："我于一月一日开始誊写并琢磨风格，这事进行得很轻快，因为经过许多产痛之后，我自然享受舐净这孩子的愉快。"他表示：

"决不出版一本没有经过仔细加工和认真琢磨的作品。"可见，好文章是改出来的。公文材料的写作往往不能毕其功于一役，不要说初学者，即使对一个长期从事文字工作的"行家里手"，每一篇公文也都是经过几易其稿才能完成的。

（四）完善之要

修改是认识不断深化，表达不断完善的重要条件。公文是人们对公务活动在头脑中认识的产物。说到底，修改不仅是字句的问题，还是对公务活动的再认识问题。公务活动纷繁复杂，变化很快，人们对公务活动的正确认识，往往不可能一下子形成，总要有一个逐渐完善、由浅入深的发展过程，特别是对复杂的问题及事物更是如此。撰写公文材料也不可能一笔就达到完美境界。开始，我们由于受认识规律的限制，即使动笔前作了周密准备，到定稿时还会有这样或那样的疏漏和遗憾，只有修改，才能弥补不足。修改实质上是认识不断深化，表达不断完善，自觉认识事物发展规律的重要条件。修改有多有少，有大有小，因人而异，因文而异，但一次完成材料，完全不改的情况几乎是没有的，特别重要的公文更要在修改上下功夫。如《关于建国以来若干历史问题的决议》一文，经过一年多起草，在不同范围内，少则几人，多则几千人中反复修改几十次，几易其稿，才最后完成。所谓"文不加点，一挥而就"，只能理解为对才思敏捷的人的夸张赞美，而并不是说这些人写作时真能一字不易。

（五）提升之举

"文章千古事，得失寸心知。"材料写作是很辛苦的，"三分写，七分改"。如此说来，修改更辛苦。修改文章要有"为求一字稳，耐得半宵寒"的毅力，要有不雕琢出个模样不罢休的韧性。修改也是长期积累的点睛之笔，厚积薄发，博观约取。文字的千锤百炼离不开日常的积累，只有多看、多写、多思考才能改出好材料来。经过数次修改之后，我们会发现，画龙点睛之笔让材料趋于完美。修改是提高公文材料写作能力的重要途径。古人说："作文十篇，不如改一篇。"说法虽有点夸张，但不无道理。如果每次写完初稿，立即送给领导去改，这样写了很多，水平提高却慢。从某种意义上讲，修改能力是高一层次的写作能力，能改到什么水平，就可以说你达到了什么样的写作水平。鲁迅先生说过，文章应该怎么写，要从已有定论的作品中去领悟，而文章不应该怎么写，则应从未定稿本中去领悟。这确是至理名言。我们从定稿和未定稿的对比中，可以看出写作的道理，得到宝贵教益。因而，修改是提升笔杆子自身公文材料写作能力的重要途径。

所以，有人说，"好文章与其说是写出来的，不如说是改出来的"，这话不无道理。如果说写作是才思奔涌、驰骋纵横，那么修改则是切磋琢磨、精雕细刻，它是将一件不成熟的作品变为"成品"的最后工序，需要格外的细致和认真。

二、修改的原则

初写材料时，修改中还会犯一个错误：从材料的第一个字开始，由头看到尾，看见什么改什么，结果浪费了时间，有时越改越乱。改材料同写材料一样是有顺序的。修改时，要从整体出发，按照先大到小的原则，先检查和解决对文章起决定作用的问题，即主题是否正确、突出，观点是否新颖、明确，然后再解决结构安排、素材运用、语言表达等问题。尤其是机关应用材料，一般应按照主题———一级标题———二级标题———具体内容的大体步骤一级一级进行修改。也就是说，首先是看主题是不是正确、合理，再分析一级标题是不是围绕主题，二级标题是不是围绕一级标题，具体内容是不是围绕二级标题来展开的。这是最主要的,其次才是进入开头、结尾、层次的修改,以及进行析字炼词等,切不可主次不分、轻重不辨,漫无目标,由前到后,看到哪里改到哪里;看起来很辛苦,但却如没头苍蝇般到处乱撞,不得要领。

修改公文材料应注意遵循以下原则。

(一)先大后小

修改公文要通观全局,从全篇着眼,先从大处着手,克服"改小不改大""改前不改后"的常见病。开始修改时,不要急于逐字逐句去抠,而应先从大的方面,如主题思想,主要内容,观点层次,涉及的方针、政策、规定,全文结构等方面去考虑,看主题是否突出,观点是否正确,依据是否充分,内容是否实在,措施是否可行等。然后再考虑局部问题,以及遣词造句等表现形式问题。在定稿之前作订正错别字、标点符号等文字润色。一切修改都要服从和服务于公文主题表达的需要,才能把公文修改好。如果先改文字,过多关注细节、一叶障目,大的毛病就不容易看出来,不容易改好。

(二)热写冷改

"写"和"改"是材料写作中的两个不同阶段。写的时候,要"趁热打铁"、一气呵成,而不要拘泥文字、写写改改,这样很容易打乱写作思路。改的时候,需要"晾"自己写出来的文章,因为如果"晾"它三五天或更长时间,再来看看,也许就发现不足了。因此,如果时间允许,应采取"冷处理"的方法,隔个时段,再逐段逐句,仔细推敲,有助于更多地看出毛病,使文稿改"粗"为"精",达到"多一个字累赘,少一个字不行"的精练程度。

（三）意则期多

在公文材料明确表意的前提下，要以较短的篇幅，较少的文字，容纳尽可能多的内容，这是修改的一个重要原则。一般来说，公文材料修改只能使篇幅越改越短，文字越改越精练，而绝不是相反。力争达到"意则期多，字唯求少"的要求，真正做到"言简意赅"。

（四）增删更移

修改免不了增补、删节、更换、移动，这不仅有语句上的，也有具体例证、观点上的。要根据公文的目的和要求进行增删更移。篇幅过长，内容重复、烦琐的，需要删节；例证不充足，论据不充分，文笔不连贯的，需要增补；例证使用不当，词语表达欠妥的，需要更换；例证用得不是地方，和观点不相统一，语句颠倒、章节混乱的，需要移动，使之通顺、畅达。修改时要恰当掌握增删更移的原则，使公文材料各个方面各得其所，自然贴切而显文雅大方。

（五）各司其职

公文修改不同于一般文章修改。公文制作过程中有法定的程序，有法定的核稿、会签、审订的负责人，因而需要：起草者自己修改；本业务部门领导修改；秘书部门修改；有关各方或会签各方修改；法定作者，即公文署名单位领导修改。这几个环节都有对公文修改把关的义务和责任，需要各级按自己的职责和能力认真修改文稿。要防止认为反正有上级把关，在自己这一层次草率马虎，过手了事，也要防止不顾上下关系，不了解实际情况，自作主张，乱改一气。

（六）态度端正

作为公文起草者，在修改中要端正态度，明确自己在制发公文中的适当地位。对自己写出的初稿，要竭尽全力进行修改，而不能草草挥就，送出了事。要摆正位置，欢迎别人修改。认识到自己在公文制发过程中只是一个起草者，是其中的一个环节，而不是公文的真正法定作者。公文的负责者是制发机关和相应领导，公文是集体创作的成果，需要各个方面、各个层次的共同把关才能保证质量。要同有关各方和首长积极配合，欢迎同事、协作者、领导的修改，虚心听取各方意见，集思广益，改好文稿。

三、修改的范围和内容

修改公文的范围和内容从大的方面来讲，无非两个方面：一是思想内容，二是表现形式。

要掌握好衡量公文主体内容好坏的基本标准：

一是公文材料的思想是否深刻有意义，内容是否充实、具体。

二是立场观点是否站得住脚，感情是否表达得体。

三是中心是否突出，材料有无多余或不足，主次是否恰当，行文是否处处扣住中心。

四是条理层次是否清楚，结构是否完整，布局是否合适，前后是否照应，各部分之间联系过渡是否连贯自然。

五是有无不贴切用词，不通顺语句，语言是否准确、丰富、精练，有无错别字、错用的标点符号。

具体来说，主要有以下几个方面的修改：

（一）思想内容方面修改

1.修改主题和观点

修改公文，首先要考虑主题和观点是否准确、完整，是否集中突出，是否深刻精当。要订正主题。这是修改材料中最重要的问题，如同射击要瞄准靶心一样。机关材料绝不能照搬照抄，上下一般粗，需要领会、提炼、具体化"命题"。否则材料完成后，如主题不符合要求，则要全盘推翻。写作中，也只有把主题确定好，其他方面才能顺利进行。要变动主题。对原来不够确切或不够集中突出的主题作较大的修改；或原来的主题根本不符合领导意图或公务活动的实际需要，应推倒重来，确定新的主题。这种情况在起草大型综合性公文时常会遇到。要深化主题。原来的主题思想基本明确，但表现不够完整、深刻，需要进一步补充、挖掘和深化，使主题更明确、更深刻、更完整。这种情况经常遇到，由于在写作初期，对情况的掌握不全面，认识的程度肤浅，材料的熟悉程度不够等局限，初稿可能并不深刻。等写完初稿，认识有了新提高，回过头来可以将主题进行深化。要改正观点。即公文中的分观点，各个部分、各个问题的中心意思要正确鲜明，具体问题上的观点错误或片面，必然影响公文质量，影响执行效果。因而修改时需要考虑分观点是否正确，是否表达鲜明。凡属思想不明确、看法不全面、提法不妥当等均应进行修改。比如，"狠抓工作落实，转变工作作风"，是领导讲话中的一个小标题，同时也是小观点。稍加分析就会发现，这个表述把"转变作风"与"工作落实"的关系搞颠倒了。我们可以把它改为"切实转变作风，狠抓工作落实"，或者"转变作风，狠抓落实"。观点决定内容，观点贯穿全篇，公文的观点必须正确。对这方面存在的问题一定要加以改正，决不能有丝毫马虎。观点方面应予修改之处，是与审核时应予重点注意的问题相一致的。

2.修改例证

公文中使用的例证不在多，而在于精。例证要能说明观点，做到观点、例证的有机统一。公文中如只有观点而无例证，或有例证而不能说明观点，或例证过多淹没了观点，或例证一般化、概念化甚至有虚假等等，都需要进行修改。要去伪存真。公文中所用例证必须真实、准确，特别是涉及有关方针、政策、上级指示、会议精神等方面的理论例证必须正确无误。凡不准确、不真实、不妥当处，必须认真考虑修改。要充实丰润。公文例证必须具有典型性，特别是事实例证。如内容空泛，说理不足，抽象议论过多，缺乏典型例证，就要在修改时设法增加、补充内容或新的例证，使之丰满、充实。要删繁就简。有的公文中例证堆积太多，势必使篇章臃肿，甚至淹没主题和观点。这就要紧紧围绕主题和观点的说明选择例证。有的例证虽然生动，但与表达主题和观点无关，则要舍得割爱。有的多余、重复例证也要努力精简，做到例证能"以一当十"。要精选细择。初稿中的例证一般是顺着写作思路写进去的，难免有不妥之处。因而在修改时要精选细择，对所有例证都过滤一遍，对不完善的例证、相互矛盾的例证、不准确的例证等在修改中仔细加以抉择取舍。

3.修改材料

公文中引用的材料必须是顶用的、合适的和正确的。顶用的，即引用的材料最能说明问题和表达观点；合适的，即引用的材料不多不少、恰到好处；正确的，即引用的材料真实可靠，具有科学性和权威性。如果不符合这些要求，修改时就需作必要的增、删、换。凡内容空洞的公文，就要增加材料，否则就缺乏说服力；凡公文中引用的材料过多，就要删掉多余的、无用的材料，否则公文篇幅冗长，内容不精练，还会淹没中心，冲淡主旨；凡是公文中引用不真实、不可靠、缺乏科学性和权威性、不典型、不生动、不新颖的材料，就一定要换，否则，就会影响公文的价值，甚至损害全文。

4.修改措施

凡公文一般都要涉及解决问题的具体措施、办法、规定、要求和意见等。修改时要注意它们是否切实可行。要注意与有关方针、政策是否相符，改正不符合政策的地方，使之保持政策的一致性、连贯性；要注意与执行单位情况是否相符，改正不符合实际，使执行单位难以落实的地方；要注意与其他相关公文是否重复、矛盾、脱节，改正相互交叉重叠、矛盾、脱节之处。

（二）表现形式方面的修改

1.调改结构

结构是文章的框架，要做到主题突出，编排有序，连接顺畅，详略得当，紧凑严谨。调整结构也是一项"大手术"。如果主题发生了变化，原来的结构必须做出相应的调整，使其能最佳地表现主题。如果主题未作变动，但为了更好地深化主题，亦可作全局性的变动。结构的调整讲求一顺二巧。"顺"就是能够顺畅地表现主题，逻辑严密，条理清晰，脉络分明；"巧"就是文章富于变化，波澜起伏，错落有致，新颖别致。修改结构布局包括文种的选择、总体的调整、章节的变动、层次的改变等，其目的都在于使公文更加严谨、畅达、匀称和完整。要检查公文各层次是否体现了事物的内在关系，段落是否完整独立，部分间连接是否连贯、紧凑，上下文是否互相呼应，开头、结尾是否妥帖等。修改全局松散、层次混乱、主次不分、详略不当、前后矛盾、虎头蛇尾等毛病。同时力求结构布局富于变化，力求创新。

2.修改语言

要使表述准确明了，平实精练，通顺畅达，合乎语法修辞和逻辑。语言是材料的细胞。一篇材料的思想内容、结构方式、表达技巧最终须由语言外化出来。机关应用材料具有实用性和指导性，要求目的明确、观点正确、材料准确、表述精确，它对语言的要求是准确、通俗、规范、庄重、平实、直接，以使读者（听众）一读（听）就懂，便于迅速做出信息反馈。修改材料时，语言的加工锤炼须遵循这些要求。有些特殊性的材料还应讲求错落有致、激情澎湃、铿锵有力等，我们也要具体进行分析研究。修改不通顺的语句，这是起码的要求。初稿之后要反复通读几遍，把不通顺的病句改正过来；删掉多余语句，力避重复。在通顺前提下，要进一步删除可有可无，啰唆重复的语句；锤炼词语，对关键性的词语要字斟句酌，认真琢磨润色，使语言表达简洁、和谐、自然、贴切。

3.修改内容

机关公文材料的写作客体，是主题和层次观点形成的基础，包含了事物的方方面面，写作中需要被我们所感知，所融会，根据需要被采撷和表现于材料当中。而哪些是正确的、哪些是错误的，哪些与主题相关、哪些无关，哪些不真实、不准确、不典型、不生动，哪些应该放在材料的什么位置，哪些应该谈到什么程度、采取什么表达方式等，都需要反复进行分析研究，反复斟酌，不断修改完善，使内容符合主题表达的标准和要求，真正体现所要表达的主题。

4.修改标题

材料的标题力求新颖简洁、概括准确，具有较强的吸引力。标题包括总标题、层次标题等都要精心推敲，精益求精。

（三）整体文面的修改

看文面是否符合规范要求。这里包括：行文格式是否合乎规范，标点符号是否使用准确，以及书写是否整洁、美观、合乎行文要求等。做到文稿合乎格式、整洁清晰、美观大方，一般应注意以下几个细节。

1.正文以外的部分易出现差错

我们在校对中，往往比较注意正文部分，却容易忽视标题、落款、日期等方面，有时甚至会出现大的差错。

2.形近字、同（近）音字易出现差错

一般用拼音输入法打字，容易出现同（近）音字差错，如，治与制、是与使等；用笔画输入法打字，容易出现形近字差错，如锦与棉、已与己、拔与拨等。

3.结构层次序号易出现差错

有些材料大标题套小标题，段落多，有时又由于多次修改，容易出现错用序号或漏掉、重复的差错。

4.数据比较集中的内容容易出现差错

有些材料涉及大量的数字，而且比较集中，稍有疏忽就有可能出现漏打、排错某些数据的问题。细节还有很多，不再一一列举。

从材料修改的内容来看，几个方面是相互联系、密不可分的，无论修改哪一个方面，都必然涉及另一个方面。因此，在修改时，要从整体出发，顾及全篇。总之，这是起草材料的最后一道工序，完成以后就要付印拿给领导或上级审批了，因此必须慎之又慎。

四、修改的方法

公文材料的修改从无定式，因各人的习惯不同和公文材料存在的问题不同而有异。归纳起来，修改方法基本有以下四种。

（一）边看边读修改法

公文材料的初稿完成后，从头至尾仔细审阅，不仅阅看，而且要朗读。

朗读容易发现不通顺的地方，特别是读起来不顺当的语句，可以立刻停下来加以修改。那些你读得上气不接下气，或读不下去的地方，就有可能是句子太长，或衔接不当，就有必要进行修改。可以自读自改或一人读大家改，在读诵的过程中发现问题，随笔修改。尤其是领导同志的讲话，采取这种办法最好。朗读是检查公文材料是否朗朗上口、连贯和完整的好办法。每一次朗读时确立一个修改目标，如第一遍专门检查不通顺的语句，第二遍专门检查是否主题突出、观点正确等等，几遍下来一定会使公文材料完全改观。

（二）"冷处理"修改法

公文材料初稿完成后，如果时间不太紧迫，可以先放下初稿去干别的事，过上几天再把稿子拿出来，把这几天中想到的内容补充进去，对认为不妥的语句进行修改。我们都有这样的体会，公文材料刚写好时挺满意，可过一段时间再看，觉得还有些不尽善尽美之处需要修改。写作初稿时一些苦思冥想、绞尽脑汁仍解决不了的难点，经过几天的冷静思考后来了灵感，有所发现，有所提高。这时再来修改初稿，认识就可跨进一步，深入一层。一般来说，在写作兴奋状态、头脑发热的情况下不应动手修改。

（三）变换角色修改法

就是要把自己写的公文材料当作别人的文章来修改。一般情况下，自己的文章总有一种舍不得取舍的感觉，正如有的人说：真可惜，好不容易想出一个观点或者说好不容易找到一些材料，怎么就给删掉了。这种心情可以理解，但是为了公文材料合理、准确，也就不能"怜香惜玉"了。我们要记住修改时，不要把作品当成自己的，从别人的角度去冷静地修改，会有不一样的效果。

（四）恭请高手修改法

公文材料写出来后，可以请一些材料写作高手来修改。可请领导或文字经验丰富的同志帮助修改。在修改时最忌讳的是抱残守缺、固执己见，怕别人对自己的文章挑剔、修改。应当懂得，若想在写文章方面有长进，就必须要反复修改，尤其要乐于让别人修改自己的文章。要有勤学好问和甘当"小学生"的精神，多听一些写作水平比自己高的人的意见，择其善者而从之，选其高明之处而用之，这样做就是借别人的智慧来为自己的公文材料贡献力量。

（五）集体会诊修改法

自己修改自己的东西，常不肯删改，可以采用集体会诊修改的办法。如中央一些大型重要文件都是经过大、小范围内不同层次人员的反复讨论修改才定稿。俗话说"旁观者清"，别人看你的材料，常常会拿出你所没有想到的，或思考颇深的见地来。当然，集体修改，起草者需要的是虚心和谨慎，修改者需要的是慎重和认真。稿子写成之后，请熟悉文字或相关业务的同志共同讨论，集思广益，一起修改，可以打破个人能力的局限性或认识上的偏执。时间和条件允许，可以发征求意见稿，在较大范围内修改。

（六）删繁精简修改法

在谈到文章的修改时，中外许多著名作家都不止一次地说到删掉一切不必要的东西。俄国作家车尔尼雪夫斯基说过："无情地删去一切多余的东西——这就是审读已经写下东西时的最重要的一部分工作。"列夫·托尔斯泰说过："对于敏感而又聪明的人说来，写作艺术之所以好，并不在于知道要写什么，而是知道不要写什么。"契诃夫说过："写作的技巧，其实并不是写作的技巧，而是……删掉写得不好的地方的技巧。"对文章的语句进行压缩提炼，是达到既简单明了又效果最佳的一种好方法。

另外需要说明的是，要正确使用修改符号。进行修改，要使用一些符号来标示修改的地方，在公文写作的长期实践中，人们实践和总结了一套修改符号，为大家所共同接受。在修改时规范运用，以便合乎习惯，大家都懂，而又清楚美观。

五、材料的校核

公文材料的审核和校对，是一项严肃而认真的工作，是确保公文材料质量的最后工序。审核的要求是：

一要严肃对待、谨慎把关。核稿人员一定要明确公文审核工作的意义，掂准肩上担子的分量。机关制发公文的质量，既取决于起草人员，此为基础性工作，又取决于核稿人员，此为把关性工作。虽然此后尚有签发等环节，但把口至关重要，处于"一夫当关"的位置。所发公文，能否贯彻上级精神和要求，能否达到预期目的，审核一环的作用非同寻常。因此，核稿人员要认真负责，慎重从事，不可潦草轻率，马虎大意。只有严肃认真，集中精力，仔细查找，反复斟酌，按照审核项目，一一过筛子，个个把关口，才能纠正差错，去掉毛病。

二要先核后签、正向运转。公文文稿在审核、签发的运转程序方面，规定十分明确：审核在前，签发在后。但是在公文运行中，并非一体遵照办理，总有一些人违规操作。对此，习惯称为公文"倒流"，或逆向运转。这就需要有关人员熟知规程，按章办事。

三要确保质量、适度处理。核稿人员在审核文稿工作中，要仔细发现问题，认真解决问题，其目的在于革除缺点，保证水准，提高质量，使文稿成为正品，直至精品。

审核文稿一般分自审、初审、复审、终审四个层次，这四个层次各有分工，各有侧重，能够充分发挥各个层次的优势，实现优势互补，共同把好公文材料的质量关。具体方法如下：

（一）严格自审

初稿完成后，要从头到尾自行审改，从字到词，从词到句，从句到段，从段到全篇的结构布局，发现问题，留下标记，全部阅完，再回过头来认真细致地修改。这一过程，不仅要确保不要留下任何 "硬伤" 和明显错误，还要以批判的态度审视自己的 "作品"。

（二）呈送初审

自审结束后，公文撰写者要将公文材料呈送给单位的直接领导，也就是单位的负责人，由承办单位负责人来完成初审。单位负责人主要是审核业务部门提供的第一手资料的正确、准确和完整性。诸如：有关业务工作的方针政策有无问题，提供的有关业务材料和情况是否准确，认识和提法是否恰当。

（三）等待复审

单位直接领导初审后，有的还要送分管领导进行复审，作为公文材料的撰写者，一方面要履行呈送的手续，另一方面要等待上级的复审结果，按照复审的意见进行修改完善。复审这一关主要是由相关部门的主要领导来完成，主要把好 "八个关口"：

1.严把政治关

政治性是机关公文的根本属性。一个政治性很强的公文，必然会有很强的指导作用。政治性不强或发生偏误，就会产生不良后果。因此，在核文中要始终把讲政治放在第一位，努力用马克思主义的政治主场、观点，去把握公文的内在质量，贯彻党的基本理论、基本路线、基本方略，保证完整、准确体现各级党委的要求和工作重心，保证每一篇公文在政治上不出任何偏差。

2.严把全局关

笔杆子要时刻关注大局，认真研究大局，准确把握大局，做到局部服从整体、微观服从宏观、小道理服从大道理、全局统率局部、局部体现全局。对每一篇公文都要从全国、全省、全市、全县整个工作的大局中去考虑，去办理。核文既要从局部看是否合理可行，又要从是否有利于全局方面进行认真分析、论证。对那些从部门产生的由于过分强调局部工作而影响全局的，要坚决进行修改或调整。

3.严把政策关

"政策和策略是党的生命，各级领导同志务必充分注意，万万不可粗心大意。"毛泽东同志的这句名言，应当成为我们办文人员的座右铭。党委机关公文的权威性就在于它的政策性，把好这个关口至关重要。首先，要注重公文与党和国家政策规定的一致性。不管哪一级，以哪种形式行文，都不能与党和国家的方针、政策相违背。这是行文的一个重要政治原则和组织纪律。其次，要注重政策纵向的连续性。政策相对稳定，有利于事业发展。核文时要进行必要的前后对照，政策内容有变化的，要标出来并明确说明。最后，要注重政策的相关性。各地、各部门都要结合本地、本单位实际制定一些具体政策，千万不要越权，并兼顾左邻右居，注意衔接。如果你来一套，我来另一套；你否定我，我否定你，那谁的规定也落实不了。那种我行我素、各执一端、政出多门、政策打架的情况，是一种内耗，必须坚决杜绝。要注意，凡文稿涉及民族、宗教、外事、农民负担等敏感问题，涉及组织、人事、财政、税收、房价、医疗、教育、机构编制等热点问题时，一定要慎之又慎，不搞清楚、不协调处理好决不进入下一道程序。

4.严把法规关

随着社会主义法制和党内法规建设的加强，必然要求涉及党内活动的公文也要有鲜明的法规性。我们校核的各种公文材料，凡内容涉及国家有关法律法规的，都要进行认真对照，以国家法律法规为准绳。

5.严把发文关

发文是组织开展工作的一种必不可少的手段，实际工作中需要的公文非发不可；但公文过多过滥，就会助长空谈，助长形式主义，不仅增加了各级单位的工作负担，也容易使执行者产生逆反心理，影响公文的权威性，以至贻误工作。校核是解决"文山"困扰的基础环节和有力措施，要通过校核做到少发文，可发可不发的公文不发，重复的公文不发，该部门发的公文上级党政领导机关不发，不成熟的公文暂时不发，并尽量减少党政联合行文（以免使党委管了政府的工作，也不便于人大监督）。在核文中要敢于坚持原则，对那些不应该发或应降格发的公文，要大胆提出不发或降格的建议，协助领导做好控文、减文工作。

6.严把规格关

规范行文是一门科学，我们必须按照公文种类、公文格式和行文规则办事。要看文种是否恰当。搞乱了就会闹笑话，甚至出大事。要看行文形式是否准确。该上级机关行文的，下级机关不能行文；工作仅涉及一个部门的，就没有必要联合行文。尤应指出的是，除党委办公室根据党委授权，可以向下级党委行文外，党委其他部门不能对下一级党委发布指示性公文；平级机关之间一般用函行文。要看文件体式是否规范。密级、发文字号、签发人、标题、主题词等该标注的一项不能少，不能错。

7.严把文字关

科学而又规范的文字，能准确表达行文机关的决策意图和意志，便于受文单位正确理解公文精神。搞好文字校核，就能防止和避免文字的粗糙和不规范现象，增强公文的准确性和严肃性。要重点审核公文的结构是否清晰，语句是否符合形式逻辑，字词使用是否妥帖，人名、地名、时间、引文、数字是否准确，文风是否纯正。好的文风应该实实在在，直书不曲，端正不俗，深入浅出，言简意赅，朴实无华，严谨准确，规范统一。

8.严把程序关

按程序办事，能够保证公文质量，提高办文效率。目前工作中，存在着文件倒流问题。把好程序关，主要是检查是否有部门领导的签字，是否与相关部门进行了会签和协调，是否履行了公文的登记手续等。

（四）实现终审

公文材料初审、复核后，撰写者要按照各级领导的意见进行修改完善，最后呈送给本单位的最高领导来进行最终的审核，这一关完成之后，公文就算完成了撰写的任务。终审这一关，是由单位的最高领导或分管领导来完成的最后一道工序。主要是从全局的角度来审核公文材料的主题、中心思想、主要观点是否符合党的方针政策和上级的有关指示，同时看公文材料的结构是否严谨，是否有能解决问题的办法等。

有道是：玉越琢越美，文越改越精。好材料是"改"出来的。我们一定要把追求至善至美的精品意识贯穿于材料写作的全过程，并落实在具体的行动上，从主题思想、篇章结构到语言文字、标点符号，每一个环节、每一个细节都要反复推敲，精益求精，在追求完美中把材料雕琢成精品。

常见大型公文材料的写作技法

第一类 经验材料的写作技法

经验材料是一种比较难写的大型文字材料。难就难在主题思想的提炼，难在思想观点的挖掘，难在角度的选择。其写作难度大于工作总结，使用频度高于典型材料，笔法、风格跟经验通讯完全不同。

一、把握文体特点，明确写作要求

经验材料，是指对学习、工作和生活实践活动中所产生的新认识、新体会和新方法的书面总结材料。一般可分为三种类型：

汇报式，特为上级领导来当地视察工作时而准备，兼顾书面语和口语。

交流式，特为参加上级党委、政府举办全局工作会议（例如经济工作会议）或上级业务主管部门举办的系统会议（例如全省移民后扶政策落实工作会议）而准备，一般以口语为主。

约稿式，特为向上一级党报党刊或业务报刊创办的专栏投送稿件而准备，一般以书面语为主。

另外，如按内容分，可分为综合性经验材料，即某个单位全面建设的经验材料；专题性经验材料，即某个单位某项工作的经验材料，如党委（支部）建设经验材料、理论学习经验材料、思想教育经验材料、人才队伍建设经验材料、预防事故案件经验材料等。

如按材料的性质分，也可分为经验性的调查报告、经验性的工作总结、经验性的发言材料、经验性的研讨文章等。

如按某项工作是试点性还是非试点性分，还可以分为试点经验材料和非试点经验材料。

总结经验，运用经验指导工作，是我们党重要的工作方法。经验可以把原则的问题具体化，把枯燥的道理形象化，帮助我们从实践到认识，然后再从认识到实践，从而提高工作指导水平。其特点如下：

真实性。经验必须真正来自实践，不能凭空编造；经验必须是实践的正确反映而不是歪曲的反映，反映的是实践的本质而不是实践的表象，不允许脱离实际进行"想当然"的编造。对一些原始材料进行分析和提炼，要坚持真实性，坚决反对为追求特定效果而"添枝加叶"、任意"拔高""移植""拼凑"。对具体事例、时间、地点、数据要反复核实，保证使用的素材准确可靠。

实践性。工作经验不同于学术研究，它彻头彻尾地来自实践，是实践中点滴感知的凝结、零碎认识的整合。这里的实践性一种是指直接的实践活动，就是亲身感知，获得直接经验；另一种是指对他人实践成果进行抽象和概括，获得间接经验。我们需要直接经验，因为它是获得一切真知的源头；我们也需要间接经验，因为人的生命和精力有限，不可能事事亲力亲为。

思想性。经验从事实中来，与事实分不开，经验要以事实为基础，但不要就事论事。我们总结经验的着眼点不是介绍事实，而是通过事实说明道理。要通过对工作发展过程的全面回顾和分析，深入事物内部做深层次的认识和体验，用圈外人的身份去审视和评判，增强经验的思想性。评价一篇经验材料是否成功，主要标准就是看经验是否与单位的实际情况相符，经验是否正确地反映事物的内在联系。前者强调经验的真实性和客观性，后者强调经验的深刻性和启发性。经验越具体，局限性越大；经验越抽象，适应性越强。具体的经验，隔行如隔山，受部门、行业和专业的局限；抽象的经验，隔行不隔理，能够跨越部门、行业和专业界限，在更大范围发挥作用。

指导性。经验来自实践，还要回到实践中指导实践。经验来自个别，但要通过个别反映一般。这就要求经验材料要为新的实践提供启示和指导。

经验材料在机关中是一种较高层次和较大难度的材料，也是一种常用的文字材料。经验材料的多少和质量的高低，往往反映一个单位工作的开拓性和有效性，表明一名机关干部业务素质的高低。

二、深入调查研究，充分占有素材

深入调查，占有材料，这是写好经验材料的关键。

一是既要听取领导介绍，又要倾听群众反映。我们到一个单位搞工作经验调查时，一般是先请单位或个人的直接领导介绍情况，然后听听群众的反映。这在工作程序上是对的，但要注意防止重视前者轻视后者的倾向。在听取领导介绍之后，要注意认认真真地听取群众的反映，并且对领导、群众讲的情况客观辩证地分析，从而得出正确的结论。

二是既要听取正面意见，又要听取反面意见。要一分为二地分析，辩证地调查研究，既要听取大量的先进经验和褒奖之词，又要倾听人们的批评意见，以正确认识经验之不足，使撰写的工作经验材料更加客观适度，更加真实可信。

三是既要了解典型的现状，又要纵观典型的历史。任何事物都是发展变化的，因而，对先进经验的调查研究也要着眼于发展变化，不仅要搞清典型的现在，而且要搞清典型的过去，预测典型的未来。因此，要注意材料的时代背景，搞清楚具体事例的来龙去脉。

四是既要收集典型事例，又要把握综合素材。要撰写出生动感人的工作经验材料，必须注意抓住特点，运用大量的典型事例。因此，重视收集典型事例，是非常必要的。应该说收集得越多越好，但是要注意在收集大量典型事例的同时，切实搞好综合素材的调查统计，只有把典型事例与综合素材紧密结合起来，才能既生动形象又全面深刻地反映出客观存在，写出的经验材料才有厚重感。

三、慎重提炼主题，挖掘思想观点

经过调查研究，占有大量材料，只是完成了典型材料写作的准备工作。要写好典型，还必须对材料进行深入细致的分析研究，从中归纳、提炼出一个最能揭示典型本质的主题。

所谓主题，就是我们平时所说的中心思想，即典型经验材料所要表达的基本观点。文章材料的取舍，结构的安排，语言的运用，以至标题的拟定，全都要根据主题来确定。因此，写典型经验材料，一定要注意提炼主题。

一要反映时代特色，注重普遍意义。经验既来自群众的实践，又是时代的产物。因此，在提炼主题时，一定要胸怀全局，把握时代的脉搏，把掌握的全部材料放在时代的大背景下去分析，去认识，从中提炼出准确、深刻的主题来，还必须认真研究社会中普遍存在的现实问题，以增强主题的针对性。

二要选择恰当的角度，在对占有的材料分析研究后，要从中归纳提炼出揭示事物本质、反映工作规律的主题。主题要鲜明正确，新颖深刻，真正成为经验材料的统帅。要站在时代潮流的前面，起引导作用；不能跟在别人屁股后面打转转，人云亦云。老是"领导重视""发动群众""狠抓典型"这一套，谁还听呢？机关笔杆子写材料一定要站在高角度，高屋建瓴，统观全局，才能写出有分量、有价值、有水平的经验材料来。站到个人的角度上，即使自己使尽九牛二虎之力也绝对写不出有分量、受好评的经验材料来。注意调查与研究相结合，边调查边形成观点。

　　三要把口子开得小些。题目或者叫"口子""角度"，是经验材料尤其是专题性经验材料的生命线。即使是大题目，口子开得也要小一些才好写。不能把题目定得过大过宽。因为题目大，势必面面俱到，外延不能周延。面面俱到的经验材料，写不深，写不透——难写；还会造成文字冗长、层次繁杂——难精；泛泛而谈，缺乏典型性——难学。当然，也很难被上级部门认可。选择和确定题目，既要符合客观实际，又要注意有一定新意、大小适宜。

　　四要提炼出思想观点。观点是材料的骨架。经验材料一定要富有时代气息、生活气息，给人以沁人心脾的感觉。提炼经验材料的思想观点，一是要领会上情，合乎于"法"。就是要围绕党的路线、方针、政策来构思立意、选材布局。要注意吃透上级的指示精神，准确把握有关政策要求，把观点搞正确。要了解一个时期的热门话题，领会精神实质，融会贯通。二是要了解外情，紧扣于"新"。在起草经验材料时，一定要超前了解该领域或该行业国内外、军内外、省内外的发展水平、工作动态，既不能照搬照抄，又不能"孤陋寡闻"，一定要善于推陈出新，挖掘总结符合事物本质和发展规律的新见解、新思路、新举措，但不要有斧凿之痕。三是要把握实情，立足于"实"。这里的"实"，指的是实际、实情、实事、实话。观点千万不能"言过其实"，要坚持不硬凑、不假设、不拔高。这就要求对本地区（部门）所要总结的经验，其事迹、数据、做法做到烂熟于心、胸有成竹。要从客观实践中提炼，是怎么回事就怎么表述，不要凭主观想象人为概括；要注意发扬民主，集思广益。

　　五要正确领会领导意图。许多经验材料都要在一定规模的会议上采用或印发交流，所以，会议材料一般都有一个总体布局，这个单位介绍什么，那个单位介绍什么，有大致的定数。你以为你这方面最突出，可是领导或领导机关了解的情况是别的单位比你还突出；你以为你这方面不行，可据领导或领导机关掌握的情况：你是面上仅有的一家，很典型，介绍经验非你莫属。所以写经验材料一定要吃准：你写的这篇材料在总体布局中占哪个位置。如果不事先了解清楚上面的意图，一是容易与兄弟单位"撞车"或"顶牛"，而被顶出圈外；二是使你应该占据的位置造成"空洞"，打乱上级的总体思路；三是不符合领导要求而被否决。

四、精心谋篇布局，注意写作技巧

在我们通过各种信息渠道，掌握了大量的素材之后，就要谋篇布局，列出提纲。要根据内容和题材的需要，选用不同的框架结构，达到生动准确地表达主题的目的。常见的经验材料的结构有：

一是纵向式。以事物发展的时间顺序或逻辑过程叙述经验。特点是：脉络清楚，衔接紧密，层层递进，步步深入。层次观点之间是递进关系。

二是横向式。以事物发展的空间转移为层次，或以事物的性质安排为层次。特点是针对繁杂多样的事实材料，按事物性质的内部关系分门别类，同样性质的划为一类，立一个观点或层次，形成一个横向结构。层次、观点之间有逻辑联系，又是并列关系。

三是纵横交错式。兼有前两种形式的特点，为了表达内容的需要，观点和层次往往横里有纵，纵里有横，纵横交叉，有机地融为一体。具体有两种情况：一种是总体上是纵的，小的结构是横的；另一种是总体上是横的，小的结构是纵的，大家一想就可以明白。

四是一贯到底式。即通篇材料既没有小标题，也不标顺序号，而是只用几个大自然段分开。每个自然段前面用几句概括性语言点明本自然段的主要思想。这种形式从头到尾夹叙夹议、一气贯通，反映的内容比较简单。写作要求主题单一，选材集中，结构紧凑。

五是排列式。即把主要内容分成若干大段，或按并列关系，或按递进关系，每一大段都要标上观点和顺序数。这种形式具有概括性强、观点鲜明、条理清楚、井然有序、适应面宽的特点，是经验材料中运用最普遍的一种。

六是序数式。即每一段不冠以小标题，而是用一、二、三等序数分段。这种形式在经验材料中使用不多，写作时容易出现中心不突出、观点不明确、罗列现象的问题；但如果把握得好，会写得自然流畅，效果也比较好。

七是两截式。即集中先写大量的事，然后再总结出几条经验来。这种形式适用于一种活动轰轰烈烈开展起来以后，显示了很大的优越性，集中在前面先写好处，容易打动人、吸引人去看经验、学经验。

一般来说，经验材料的写作应包括如下几个部分：

（一）标题

精心提炼层次标题，是大型文字材料的共性要求。对经验材料来说，层次标题的制作更为重要。我们常说"看经验就是看标题"，经验材料的标题通常是把工作经验高度集中地概括出来。既包含正文中各部分经验的内容，又不是这些内容的简单重复，可以说是经验的主题。

1.用做法反映经验

（1）针对特点+采取的对策。这种标题从做法的角度介绍经验。标题的语言形式跟工作总结近似，但具体表述时侧重点不一样。工作总结中的做法是比较纯粹的做法，而经验材料的做法则服务于经验的阐述，要写出为什么这样做、这样做的好处、这样做的效果，从而在做法和结果之间建立联系。

（2）着眼（情况或目标）+做法。这种标题跟上一种差不多，只是做法的前面加了修饰和铺垫的内容。

（3）做什么+（着眼点或目标）。许多工作大同小异，关键是找到有特色的做法，找出与众不同之处，经验就体现在这些不同点上。

（4）突出几个关键的字。把经验归纳为几个字，围绕这几个字来表述经验。这种层次标题相当多，突出的字有的用在前面，有的用在后面。

2.通过前后变化反映经验

某市用科学发展观指导经常性工作的经验，主题是破除旧的习惯做法，所用层次标题反映了政府指导工作的新变化：

（1）变大家"陪绑"为"共同帮带"

（2）变"施压加码"为"减负加油"

（3）变"眼睛盯着基层"为"从身边人严起"

3.用结论性的语言反映经验

这种标题通过结论性的语言反映事物的本质，揭示工作的真谛。如，"抓落实打基础就像负重爬坡一样，不进则退"；"抓建设没有捷径可走，必须像一日三餐那样保持经常，像推磨拉碾一样不怕反复"。揭示因果关系。经验在本质上反映了事物间的内在联系，这种内在联系更多地表现为因果联系。

4.用体会、认识或心声作层次标题

有一篇介绍干部机制方面的材料，用了三个小标题，文字较长，但特别有意思：

县领导说：好机制是逼出来的，好队伍是带出来的，没有过不了的坎，没有爬不上的坡，只要真抓实干，干部能上能下这个"揪心事"完全可以成为放心工程

"下台"干部说：好铁是打出来的，好马是赛出来的，只有干不完的工作，没有想不明白的道理，县委"一把尺子量到底"，工作没干好"下台"，我们口服心服

老百姓说：好年头带来好收成，好政策带来好效益，没有流不下山的水，没有挣不来的钱。共产党动了真格的，咱山里人一定能过上好日子

作者把与这件事有关的三个群体，对这件事最典型的议论（实际也就是态度）提炼出来，作为小标题，虽然长一点，但有韵味，耐咀嚼。这种写法

很常见、很火，说明人们普遍比较认同。

写正文一定要写好层次标题。层次标题风格各异，可短可长，有工整对仗的，也有不甚工整对仗的，但都要在提炼上下功夫，尤其要注重内涵，讲究表达方法，思想深刻，形式多样，符合经验的类型。

（二）开头

开关一般是展示经验的背景和突出的成果（成效）。背景包括典型的自然情况、历史变革和社会背景，既要写出工作经验出现的环境（自然、人文环境），又不能冗长啰唆。成果（成效）要概括写出最为突出之处，并尽可能与背景相映衬。有时，也可将成果（成效）放在材料的最后一部分来写。

（三）主体

主体是材料的主要部分，是对工作经验的具体展开，是经验材料的核心。写这部分内容，一般是从总体上把典型经验按照一定的逻辑关系分成几个部分。每个部分（一级观点）都要紧紧围绕标题，服务于标题，说明标题；各部分之间要有内在联系，但不能互相重复，互相包含，要相对独立地处在一个统一体内（全文一般有三或四个部分，以不超过五个部分为宜）。一般来说，这部分内容的表述，应既有思想，又有具体做法，既有面上的综合，又有点上的说明，还应有一些必要的数据。

经验材料要做到吸引人、感动人，可学、可信，起到教育人、鼓舞人、推动工作落实、赢得支持认可的作用。主体部分的写作一定要注意谋篇合理，布局均衡。即每个小标题下面的篇幅要大致均衡，忌讳"虎头蛇尾""糖葫芦""金字塔""倒金字塔"等结构布局。

1.点面结合好

内容叙述先写面后写点，也可以先写点后写面，但不论采取哪一种顺序，都必须注意：写面一定要涵盖宽泛，高度概括，用很小的篇幅，把面上的情况交代清楚；写点一定要精雕细琢，写深写透，首尾衔接，表述完整。

使别人一看，来龙去脉很清晰"是这么回事！"同时注意，写点要精心筛选，例不过三。即用一个典型事例能反映整体面貌、说明工作经验的，绝不用第二个事例；非用第二个事例才能反映整体面貌、说明你的经验，那只好两个事例各写一个侧面。但决不可以列举第三个事例。如罗列三四个事例，那就不叫经验材料，而叫"豆腐账"，叫人越听越迷糊。退一步讲，哪个单位找不出几个典型人、典型事，你喋喋不休地罗列，人家一下就腻歪了。此外，写典型事例，通常用"比如""再如"等词语引出来；也可以用"我单位某某人、某某事"或者"××时间××地点怎么怎么了"直接进行叙述，只要不"拗口"就行。

需要特别强调的是：点面结合得好不好是经验材料写得成功与否的关键。因为，面是宏观，点是微观；面是整体，点是局部；面是宽度，点是深度。结合好了，别人不竖大拇指都不行。举实例特别要注意防止"抬高自己，贬低别人"的倾向发生。特别是写后进转化，把别人或者前任写得多差劲多差劲，来烘托自己多能耐多能耐。实际这在哲学上就是形而上学、片面性，是否定事物转化的条件。这个问题一定要把握好，不然就要伤害人的感情。

2.议论要画龙点睛

经验材料写作时免不了要夹点议论。经验材料中的议论，要起到画龙点睛的作用，给人们留下"我们不仅工作做得好，而且站得高，思想认识到位"或者说"正因为我们认识到位，所以工作才做得出色"这样的印象。经验材料中的议论，通常用"我们认识到""我们体会到""实践中我们认识到""实践中我们体会到"以及"实践证明"等词语引申而出。但要切记：语言要朴实无华，哲理性要强；不能长篇大论，不能抄报刊、网络上的官方语言，要真正是"有感而发""不吐不快"，不能为议论而议论。

3.认真选择素材

素材是材料的血肉。素材不充分，材料就显得干巴、没说服力。收集素材要以十当一，选择素材要以一当十，做到精而又精。要注意素材的质量，即选择那些能够充分说明观点的素材；要注意素材的"品种"，即从不同侧面、不同角度选择素材。

选择素材的具体方法：

（1）给素材"梳辫子"。也就是将零星的分散的素材，按不同的性质或不同的角度分类整理出来。

一种是按过程"梳"：过去（开始）素材；转化（发展）素材；现在（结果）素材。

一种是按因果"梳"：所做工作（原因）；取得成果（结果）；主要经验（教训）。

一种是按性质"梳"：正面材料；反面材料。

一种是按类型"梳"：先进；中间；落后。

怎样"梳"，要视写作的目的而定。有经验的作者，在调查研究过程中，就分别记录或做上记号，使调查研究的过程随时成为"梳辫子"的过程，提高了工作效率。

（2）给素材"过筛子"。梳完"辫子"，可以使所掌握的全部素材分门别类，进一步做去粗取精的"过筛子"工作。

一是说明主要问题的材料，主要包括典型材料，辅助材料，可用可不用材料。

二是说明次要问题的材料，主要包括典型材料，辅助材料，可用可不用材料。

从中主要选用典型材料和少量的辅助材料，去掉无用的材料。

（3）给素材"找位子"。过完"筛子"，留下的都是能写入材料的"精品"了。但用在什么部分最适当，还需要对照拟定的各层次观点，给素材"找位子"，安家落户。也可叫分配素材。一般方法是：

A观点——素材A1，A2，A3，……

B观点——素材B1，B2，B3，……

C观点——素材C1，C2，C3，……

D观点——素材D1，D2，D3，……

可以直接在记录稿上做记号，完成分配。

（4）给素材"戴帽子"。这是观点与素材融为一体后新的升华。也就是根据素材分配到位后的情况，再次推敲观点是否恰当。内涵过大则改小，内涵过小则加大；外延过宽则改窄，外延过窄则加宽；评价过高则改低，评价过低则加高；色彩过"浓"则改"淡"，色彩过"淡"则加"浓"；文字过"呆"则改"活"，文字过"华"则变"实"。

4.事件要真实

真实是经验材料的生命，要求人物要真、事迹要真、做法要真、数据要真。一是不准道听途说。不能偏听偏信，将未经核实的"先进事迹"和"经验"写入材料。二是不准张冠李戴。就是做到"丁是丁，卯是卯"，既不能将发生在"张三"身上的事迹换到"李四"身上，又不能将甲地政府（部门、企业）发生的事换成乙地政府（部门、企业）发生的事。三是不准人为拔高。就是要"量体裁衣"，不能为追求轰动、示范效应，人为找闪光点。尤其忌合理想象，虚构情节；忌突出先进，贬低他人；忌大话绝话，不留余地；忌添枝加叶，画蛇添足；忌一好百好，有意护短。

（四）结尾

经验材料的结尾应当写得激奋一些。可以是对存在问题的深层次透视；可以是对该经验推广后可能出现的负面效应的简要提示；也可以是对本单位未来发展趋势的预言；还可以是对上级领导、友邻单位的一个表态。但不论写什么，文字一定要简约，不能拖泥带水或画蛇添足。

第二类 典型材料的写作技法

典型材料的写作，也是机关公文写作中比较常用的一种。一个先进典型能否宣扬出去、推广开来，充分发挥其激励和感召作用，主要取决于典型本身的事迹是否突出、是否感人、是否过硬。

一、认识典型材料，把握基本原则

典型材料，是介绍现实生活中新近涌现出来的、具有代表性的先进人物或先进单位的经验、事迹的文字材料。

宣扬先进典型的文章形式很多，如调查报告、通讯、总结、消息等，但作为机关宣扬先进典型时，最常用的还是典型材料。

典型材料最突出的特点有两个：一是客体的榜样性。典型材料的写作对象只能是供人们学习的榜样。消息、通讯、总结、调查报告等，就没有这一限制。二是发表形式的局限性。典型材料基本上只限于作会议材料印发，或在简报、工作通讯等内部读物发表，如果在报纸上发表，则必须改写为通讯、消息等文体。

典型材料可分为两类：一是典型经验材料，二是典型事迹材料。

典型经验材料，是以介绍先进典型的经验为主的文字材料。虽然离不开先进典型的事迹、工作成果、正确认识等内容，但这些内容都服从于先进经验的介绍。内容的重点也与专题总结一样是"做了什么""效果如何""怎么做的"，而且要从"怎么做的"（做法）的角度去关照全篇的内容。其与一般专题总结的不同之点是，其经验具有很大的推广价值（即榜样性）和写作人称的多样性（即既可用第一人称又可用第三人称）。可以这样说，懂得专题总结的写作以及工作经验材料的写作，也就懂得了典型经验材料的写作。因此。这里就不再介绍典型经验材料的写作了。

典型事迹材料，是以宣扬先进典型的动人事迹为目的的文字材料。主要是通过对先进典型的动人事迹的介绍，反映出典型人物或典型单位的好思想、好作风、好品德，给人们树立行为榜样。比如，写一篇介绍孔繁森事迹的典型材料，主要不是教人们都学他两次去西藏工作、经常给藏族人民看病、收养藏族孤儿等做法，而是学习他听从党的召唤、艰苦奋斗、时刻关心人民群众疾苦的高尚品德。典型事迹材料是由过去部队立功受奖的"简要事迹"发展而来的，进行一些改造，便可以作消息发表，还可以加工为通讯；如果事迹很突出，还可以加工为报告文学；如果典型具有十分重大的社会影响和生动曲折的经历，还可作重大的艺术加工，写成自传体小说或传记体小说（像长篇小说《欧阳海之歌》那样）。所以，学会写典型事迹材料，对提高写作水平是十分有意义的。

选准典型，是搞好典型经验材料的基础，也是典型经验得以推广的前提。从一定意义上说，典型选择得是否正确，是否具有先进性、普遍性、典型性，是否真正具有推广价值，在很大程度上取决于典型本身。具体说，有四条原则是必须把握的。

（一）鲜明的时代性

典型是时代的精华，代表着时代发展的方向。我们选择典型，就必须站在时代的高度，选择最符合时代要求、最具有时代特色的先进单位和个人。这就需要写材料的人具有高瞻远瞩的时代眼光。高，就是要胸中有全局，不囿于己见；远，就是要看到未来。强调选择典型要有时代特色，就是要同时代的需要扣得很紧。每个典型可以根据自身的特点反映一个侧面，在一个方面能够突出地体现党的主张和时代要求，就可以作为典型来宣传。因为党的任务、时代的需要包含许多方面的内容，是多层次、多侧面的，需要各种典型来体现，不要都搞成大而全的。

（二）普遍的指导性

一个典型能不能获得社会承认、群众首肯，固然要看典型的事迹本身是否过硬，但客观上需要不需要，针对性强不强，有没有普遍的指导意义，也是至关重要的。有的同志说，典型在群众中的影响，就像物质产品在社会上的销路一样，要受"供求关系"的制约。这是有一定道理的。针对思想上、工作中普遍存在、急需解决的问题，去选择具有普遍指导意义的典型，是写好典型经验材料，搞好典型宣传不可忽视的一条原则。

（三）完全的真实性

典型必须真实，真实是典型的生命。典型经验、典型事迹是否完全真实，准确无误，是一个典型宣传出去能否站住脚的决定因素。所谓典型的真实性，主要包括：第一，构成典型经验要素的时间、地点、人名、事件都要真实可靠；第二，典型经验所反映的客观事实，包括事情发生的环境条件、过程和细节，人物语言和动作，原因和结果，都必须一是一，二是二，不能添枝加叶，更不能无中生有；第三，典型经验所涉及的各种资料，如背景材料、引用的数字和史实都必须准确无误；第四，人物的心理活动、思想认识，也必须实事求是，不能合理想象，任意拔高。

（四）很强的政策性

这里所说的政策性，是指典型的经验、典型的事迹，要符合党和国家的现行政策，不能引起副作用。选择典型，有时会遇到这样的情况：某个人或某个单位事迹很突出，群众反映也不错，但其事迹不符合党的政策，宣传后容易引起副作用。这样的人和事，就不能作为典型来宣传。树立一个典型，实际上就是提倡一种思想，体现一个政策。政策上不允许，或者宣传后会引起副作用的人或事，绝不能作为典型来宣传。

二、充分占有素材，精心提炼主题

（一）从典型自身所具有的材料中提炼主题

主题蕴藏在纷繁的材料中，没有材料不可能产生主题。但是，能否总结出有价值的典型经验，不仅取决于第一阶段获得的材料是否完整准确，而且取决于对材料的思考加工是否到位。通过调查研究占有了大量材料，只是完成了典型材料写作的前期准备工作。要写好典型材料，还要对掌握的材料进行深入细致的分析研究，从中归纳、提炼出最能揭示典型本质的主题。作者要在尊重客观事实的基础上，把调查得来的材料进行去粗取精、去伪存真、由此及彼、由表及里的分析加工。首先，要把调查得来的大量材料进行一番分析比较、潜心思索，看这些材料贯穿着一根什么样的"红线"，蕴含着一个什么"思想"。把这根"红线"、这种"思想"抽取出来，就是这篇典型材料的主题思想。因而，调查和研究是紧密联系的两个过程。调查主要是获取丰富的材料，形成对典型的感性认识，而研究则是通过分析、综合、概括，把对典型的认识由感性上升到理性。经过这样思考加工，才能使问题集中、内容充实，条理清晰、文脉畅通。

（二）根据形势、任务的需要提炼主题

典型既来自群众的实践，又是时代的产物，反映着时代的需要。典型材料只有正确地反映时代要求，适应形势和任务的需要，才有普遍指导意义。因此，提炼主题不仅要从掌握的材料出发，还要胸怀全局，把握时代脉搏，把掌握的材料放在时代大背景下分析，从中提炼出准确、深刻的主题。分析材料、提炼主题时，要坚持实事求是的原则，尊重客观事物的本来面目，不可为了追求宣传效果而拼凑材料，随意变换角度、人为拔高，把典型搞得连自己都不认识。

（三）针对当前工作的实际问题提炼主题

为更好地发挥典型的示范作用，提炼主题还要注重典型的现实意义和指导意义，结合当前形势，挖掘典型最有意义的亮点，从而增强典型材料的指导性。在阐述典型经验时，要抓本质，正确地揭示事物的因果联系，从中总结出带规律性的东西，启发人们进行深层次思考，而不能停留在工作过程的叙述和事实材料的罗列上。

（四）着眼于突出典型的特点提炼主题

提炼主题还要选择恰当的角度，突出典型的特点。一个典型单位的工作，可能许多方面都很突出，有许多经验值得总结；某个典型个人可能有许多成绩，各方面都比较先进。但这些典型总有其最突出、最有特点和最有代表性的某个方面。在主题提炼中，一定要突出其特点，选择恰当的角度，就是寻找事物的个体特征，从典型的突出特点入手提炼主题，哪个方面最有特色，就突出哪个方面，以求给人以新的思考和启示。

主题是依据典型本身的事迹材料，对其所蕴含的思想意义的一种发掘、认识和评价。离开了事实本身，主题就成了无本之木、空中楼阁。因此，提炼主题必须从实际出发，不能把典型材料当成面团随意揉搓，想圆就圆，想扁就扁，为了赶时髦或迎合某种需要随意变换主题。

三、挖掘思想观点，反映时代特色

凡是写过经验材料的同志都有这样的体会，最费心思的就是提炼经验观点，因为它既要有时代气息，又要有思想深度，还要体现个性特征，在文章中它又是点睛之笔，一旦观点提炼出来了，典型经验材料的写作也就完成了一半。提炼经验观点更是一件头痛的事，不是观点不鲜明，就是"缺胳膊少腿"。如何解决这一问题呢？

（一）宏观上要把握指导性，走出评功摆好的误区

占有大量的第一手材料后，在确定经验观点时，不仅要表现出"点"上的新招，关键是宏观上要有"面"的需要，着重看它有没有指导意义，否则就会使典型经验材料陷入为典型本身"评功摆好"的怪圈，因为推广经验是为了指导工作的。那么在提炼经验观点时，宏观上如何把握指导性呢？

简单地说，就是在写某一篇典型经验材料时要先调查了解，弄清它同类的单位或个人在这个问题上共性要求和存在的问题是什么，然后再去了解典型本身，调查研究在典型身上是如何有针对性地回答上面所提出的问题。具体地说，一要紧扣时代脉搏。采写典型经验材料，要站在时代的高度，提炼出有时代意义，满足时代需求的经验观点，以推动社会发展。二要体现上级精神。党的方针政策和各项规章制度是大家共同遵守的，这是共性要求，哪个单位执行效果好、成效大，推广出来指导性无疑很强。三要抓住个性特征。指导面上的经验，关键还要点上过硬。要着眼于执行上级精神过程中呈现出的共性问题，找出单位或个人是如何结合实际解决这些问题的，使之表现出鲜活的个性色彩。四要具有推广价值。推广经验不是推广成绩，不是为典型评功摆好，而是推广典型取得成绩的灵魂——经验之所在，方法之所在。而这种经验还要对别人有指导意义，从中得到启示，值得借鉴。否则经验再好，也只是摆不到桌面上的"土"办法。

（二）微观上注重操作性，掌握好经验观点的提炼方法

典型经验材料的主体多为向心式结构，在宏观上把握指导性原则的前提下确定好总的经验观点后，围绕着总的经验观点就形成一个独特的"经验场"，即围绕一个中心（总经验观点）从不同角度（具体经验观点）进行辐射。其基本写法大都是在提炼出总经验观点的前提下，再提炼出若干具体的经验观点，作为文章层次标题或层次提领句，如何提炼这些经验观点，不是

一两句话能讲清楚的，必须下一番苦功夫去"悟"。通过分析研究，我们发现经验观点有其一定的构成规律，只要从两个方面着手，就可以帮助初学者快速提炼出经验观点。

1.明确经验观点提炼的基本方向

提炼就是通过对事物的分析、归纳、概括，从表象的东西中寻找出本质，从个别的东西中推导出普遍，把实践的东西上升为理论，把零散的做法化成为系统的经验，使事物更具思想性和指导性。就经验观点的提炼来讲，其思维方向主要有三个方面：一是提炼一种做法。做法是经验型典型材料写作的关键。做法就是经验，使实践活动取得成功的做法，是正面经验；导致实践活动失败的做法，是反面经验，即教训。适时推出一些操作性强的工作方法，是增强典型经验指导性的重要手段。提炼做法要注意与成效和体会相结合，使做法有支撑点。二是提炼一种作风。从经验中提炼出工作作风，让人们不仅学到工作方法，重要的是透过工作方法，学到一种工作作风，起到长远的作用。如一篇经验材料中，总结出"身到心到，眼到手到，说到做到"的经验，揭示了他们深入实际，抓好落实的良好作风，不仅念起来朗朗上口，而且针对性很强。三是提炼一种精神。从典型经验所能体现的精神来概括经验观点，这是一种高层次的提炼，它能起到鼓舞士气，激励人心，唤起大众，催人向上的作用。如"特别能吃苦，特别能战斗，特别能攻关，特别能奉献"的载人航天精神。

2.探寻经验观点的常见模式

经验即方法，表现在经验观点上有一定的构成特点，把握这些固有的结构形式，可以帮助我们快速准确地提炼出经验观点。具体地说，以某项工作具体做法为中心，提炼经验观点的基本形式有以下几种：

（1）方法目的型经验观点。经验材料主要是通过介绍某种做法达到某种目的，体现在经验观点上，前半句介绍具体做法，后半句说明这样做达到的目的。例如："借助多方力量，维护官兵权益。""借助多方力量"是方法，"维护官兵权益"是目的。目的达到后就转化为成效，其经验观点又演变为方法成效型经验观点："在后进战士身上倾注满腔热情，使'废铁'炼成了'钢'。"

（2）目的方法型经验观点。与上面相反，前半句交代要达到的目的，后半句介绍达到这一目的的方法或措施。这类经验观点又分两种形式。一是直接交代目的。如"按照深化改革的新要求，注重提高经济发展的能力"。二是间接交代目的。先指出问题或特点，然后交代解决这一矛盾和问题的方法措施。如"针对一些干部关注的热点受市场浪潮牵引，为民服务的意识淡化的问题，把党性、责任、使命的口号叫得很响"。三是成效方法型经验观点。与此相对应，效果出现后，目的变为成效。如"计划落实，列入了重要项目""工作落实，摆在了重要地位"。四是要求方法型经验观点。如"不以权力而自傲，用人格力量感化人"。

（3）做法型经验观点。做法是典型经验材料写作的关键。在提炼经验观点时，要简洁明快交代做好工作的方法，一般处于经验文章的各个分层次中。

如某单位通过建立抓落实责任制，从基层建设取得全面进步的经验中提炼出"责任到人""责任到位""责任到底"的"三到"做法，具有很强的指导性。

这种做法型经验观点要突出个性，寻求特色，不能总是落入"抓认识、抓制度、抓领导"等"三抓""五搞"的一般概括中，要富有变化。如《用先进思想教育人，在提高战斗力上下功夫》一文的经验观点，没有直接写抓认识提高，抓坚持标准，抓骨干培养，而是提炼成"小中见大，积极引导，克服不利于战斗力成长的因素""就近想远，从严要求，力求在未来战场上过硬""以老育新，刻苦磨炼，为战旗增添新的光辉"的经验观点，很有新意，指导性也增强了。

（4）认识体会型经验观点。典型经验材料写作的基本要求，在于成功做法中揭示出规律性的认识，使经验具有全局性、普遍性的指导意义。一般用因果、条件、假设关系式来分析，常用的关联词有："是""只有……才能""必须"。如"搞好精神文明建设，是推动我局全面建设的强大精神动力""只有不断提高机关干部的素质，才能发挥出机关工作的生机和活力"等。

另外，还有作用成效型、认识成效型等等，在提炼经验观点时还要注重"变化"，如"严格标准——由松散走向正规"。经验观点就其表现形态经常出现同一字头反复出现以示强调工整对仗，在此不一一说明。明白经验观点有其一定的结构形式，写作者便可以对照模式进行模仿，少走弯路，快速提炼出经验观点。

四、科学谋篇布局，注意写作技巧

一般来说，典型经验材料，从大的层次结构讲，包括导语、主体（正文）、结尾三部分。也有的没有结尾部分。

导语主要是提纲挈领地讲清经验的主旨，为展开正文做好准备。

（一）主体结构的安排

主体部分是材料的主干和中心，其层次结构的安排，主要根据经验材料的具体内容而定，应力求准确地反映典型经验。这里介绍几种常用的结构方式。

第一种是横式结构，也称并列式结构。这是单位典型经验写作中经常使用的一种形式。它把这个单位最突出的几条基本经验并列安排，分头阐述。

第二种是纵式结构，也称递进连贯式结构。纵式结构又分为两种情况：一种是按思想认识的发展，逐层递进，步步深入地把典型经验介绍出来；另一种是按照事物发展的脉络，或按时间，或按方位、次序阐述事迹，点明经验。人们认识事物总是由浅入深、由表及里的。这种纵式结构，按照人们思维活动的规律来介绍典型的产生、发展的来龙去脉和基本事迹、基本经验，便于人们学习和接受。

第三种是纵横交叉结构。这种结构兼有前两种形式的特点。它在介绍经验时，并不完全按基本经验安排层次结构，而是先介绍经验产生的前因后果，然后集中介绍几条基本经验。这几种结构形式，在一些较大的经验材料里，有时也可以结合起来使用。但不管采取哪种结构形式，都要围绕主题，根据材料之间的内在联系来安排层次，决不能用"开中药铺"的办法把材料罗列出来了事。

典型经验材料一般采取横向并列式结构，在概述基本情况后，依次排列三至五条经验。从收集的大量典型经验材料看，经验没有少于两条的（可能是受"无三不成文"的影响吧），多于五条的也很少见。一般是从总体上把典型经验按照一定的逻辑关系分成几个部分，各个部分紧紧围绕主题，服务于主题。各条经验必须处在同一层次，从不同的角度诠释主题，相对独立地共处在一个统一体内。各部分要有内在联系，但不能互相重复、包含、交叉。搭建结构与拟提纲最好结合起来进行，结构搭建起来了，提纲也就拟好了。建结构、拟提纲一般分以下三步进行：

第一步：把经验由笼统的"意向"转化为明确的"文字"，落到纸上，形成结构的第一个层次。

从语言形式看，经验的表述有时像体会，有时像做法，但更多情况下像做法。为简洁起见，在表述上不一定采取"只有……才能……""如果……就会……"这样的语言形式。

例如，某部"狠抓'四个基本'，推动部队建设持续协调发展"的典型经验材料，共总结了三条经验：

（一）深化认识，聚合力量，不断激发抓"四个基本"建设的积极性。

（二）全面落实，整体推进，积极谋求"四个基本"建设的规模效益。

（三）提高标准，开拓创新，努力提升"四个基本"建设的质量和层次。

第一条经验告诉我们：抓"四个基本"建设重在激发积极性，只有从"深化认识，聚合力量"入手，才能把抓"四个基本"建设的积极性激发出来。

第二条经验告诉我们：抓"四个基本"建设不是抓样板、栽"盆景"，必须要有规模效益，只有按照"全面落实，整体推进"的思路抓"四个基本"建设，才能取得规模效益。

第三条经验告诉我们：抓"四个基本"建设必须不断提升质量和层次，只有坚持"提高标准，开拓创新"，才能使"四个基本"建设的层次和质量不断提高。

第二步：按照一定的逻辑关系把诸条经验排列起来，形成第一层次的顺序。虽然诸条经验处在同一层次，但顺序的排列也不是随意的，而是遵循一定的要求。一般是由认识到方法，由间接到直接，由宏观到具体。请看下例：

题目：以打造高素质人才群体为牵引，促进医院建设全面发展

（一）想长远、用实劲，把人才队伍建设作为医院发展的根本来抓。

（二）建立人才培养的良好机制，使医院发展始终保持生机与活力。

（三）加强专科拔尖人才培养，确保医院发展始终处于领先地位。

以上三条经验的顺序是唯一合理的顺序。第一条侧重于认识，是管总的，必须排在前面；第二条是具体方法措施，只能跟在第一条的后面（其逻辑关系是：不重视人才建设，就不可能建立良好的培养机制）；第三条专讲"拔尖人才培养"，相对于一般人才培养而言，更加具体，也是该院突出的亮点，把它排在最后，符合"由宏观到具体"的原则。

当典型经验材料比较简短时，通常不拟第二层标题，但是，要设计出叙述层次，考虑好写几层意思，分几个段落，怎样开启，怎样转进，怎样衔接，怎样收尾，等等。

（二）主体的写作

典型材料一般包括标题、正文、结尾三个部分。

1.标题

（1）单标题。可分为三种形式：一是陈述式，即直接表明主题，使人一目了然，如《关于开展群众工作的几点做法》；二是对仗式，表明基本做法、目的和效果等内容，是对全文内容的高度概括，如《引入竞争机制，激发工作激情》等；三是提问式，通过提出问题引入接下来的内容，能够激起读者的好奇心，引人入胜，如《我们是如何由后进变为先进的》等。

（2）双标题。双标题由主标题和副标题构成，主标题一般表述经验材料的主题和中心，副标题一般说明经验材料描述的对象、地点、其他说明等，如《有限的生命投入无限的事业——杨善洲同志先进事迹学习材料》。

2.正文

（1）导言。概述经验材料的写作背景、事件主题、写作目的与意义等内容，使读者明白材料的基本情况。一般少则一二百字，多则四五百字，一般写明典型单位的简要情况，包括主要成绩、基本经验、主要荣誉等。有时还要根据需要介绍典型单位的历史沿革和历史荣誉。

（2）经验说明。在表述经验做法时要提炼观点，分条概括取得的成绩、秉承的精神、犯下的错误等内容，用观点带出具体的做法的内容。一般首先对经验做法进行概述，然后再介绍具体做法。也可从谈认识开始，或从介绍情况开始。

（3）有序展开。经验材料的展开，就是从几个方面、分几个层次，按照什么样的逻辑循序，把经验阐述得清楚而有条理。从认识开始，有思路，有做法，有事例，最后是结果，可以视为经验材料表述的一般规律。

3.结尾

结尾处要升华主题，指出此篇材料的传阅意义，发出号召或提出警示，先进典型一般要号召大家学习和借鉴。

第三类 讲话材料的写作技法

在机关工作中，为领导起草讲话稿是机关干部的一项基本技能。这是一项实践性、综合性比较强的工作，也是一门难以掌握的学问。它既要完整准确地领会领导意图，又要充分发挥自己的主观能动性和创造性；既要全面、辩证，又要力求讲出新意和深度；既要有鲜明的思想性、理论性，又要有很强的针对性、指导性；既要用事实说话，又要防止就事论事；既要掌握领导讲话的共性要求，又要体现不同领导的风格或特征，等等。

一、讲话稿的作用和主要类型

领导讲话，是实施"示范、说服、命令"活动，行使领导职能的重要方式。它是领导者在一定的时机和场合，围绕发表各种主张、传达上级指示、明确政策规定、解决倾向性问题、推动工作落实等目的，阐述思想、部署任务、提出要求的一种文体。

撰写好领导讲话稿很重要，起码体现在以下四个方面：

（1）领导讲话是宣传党的路线方针政策、传达上级指示要求的重要载体。传达、宣传的形式多种多样，制定文件、网络传媒等都可以，但领导讲话是一种传统的也是通行的重要形式，具有面对面、及时生动和说服力强的特点，往往更易于被群众理解和接受。

（2）领导讲话是领导在一个时期、一项工作中主要思想和意向的反映，具有重要的导向作用。从某种意义上说，一个讲话就是一个信息窗口，它告诉人们领导在关注什么，对某个问题、某项工作是怎样认识的、如何筹划的，为下级抓好工作落实提供了依据和遵循。因此说，领导讲话是我们部署工作、组织活动、推动落实的最经常最基本的手段。

（3）领导讲话是领导同志参与政务活动、展示个人魅力的重要形式和窗口。领导讲话作为一种由领导个人宣讲的公文，既代表一级组织，又不同程度地打上领导者的个性特点和印记。领导的每次讲话，都是其思想水平、能力素质、社会阅历、办事风格、文化层次、演讲口才等在群众面前的全面展示。对大多数群众来说，与领导接触和相处的机会毕竟很少，往往是通过领导讲话来了解、认识和评判领导的。因此，讲话材料的质量如何，影响着群众对领导的人品、才干、境界和风范的评判，影响着领导在群众中的威望。所以，凡有思想、有作为的领导，都将讲话材料看得很重。现实生活中，用讲话稿来评判领导的现象十分普遍，有的领导就是因为一次汇报、一次发言、一次讲话，而引起上级的关注、得到部属的敬佩；相反，也有一些领导因此而失分，甚至影响进步。所以，越是高层领导、高级机关越是重视讲话材料。

（4）领导讲话也是教育和组织群众，解决问题、推动工作落实的重要手段，某种程度上关系着单位建设的质量。一个成功的领导讲话，往往起到指明方向、指点迷津的作用，使人豁然开朗，大彻大悟，对于帮助大家理清工作思路，明确落实招数，增强工作实效，大有益处。实践证明，领导讲话的指导性、感染力越强，对单位建设的推动作用就越大，产生的影响就越深远，在群众心中打下烙印也越深刻。

领导讲话种类很多，从内容和用途上分，主要有这么七种：

第一种部署动员型。专指工作部署会或动员会上的讲话。内容主要有：完成工作任务的意义；工作任务的具体内容；需要把握的问题及要求。起草这类讲话稿关键做到：阐述意义深刻，就是要从全局的高度、用长远的眼光认识和审视所部署的工作任务，使人有一种非抓不可、非抓好不可的责任感，以形成统一的意志和行动；部署任务明确，就是要把完成任务的指导思想、目标要求、方法步骤、责任区分等，讲得明明白白、清清楚楚，便于把握、操作和衡量；提出要求到位，就是要拿出保证任务完成的措施，比如，如何加强组织领导、如何突出工作重点、如何建立落实责任制等，力求具体实在，切实可行。

第二种是总结报告型。专指某一项或几项工作、一段时期或年度工作总结会上的讲话。这类讲话一般构成是三部分：第一，分析形势，对工作任务完成得怎么样，是否达到预期目的，作出实事求是的评价；第二，总结经验或反思教训，一般性的工作报告可不写这一块，但几年一次的党代会、一年一度的工作报告等，可用一定的篇幅来总结反思，为今后工作提供指导和借鉴；第三，部署下一步的工作任务，提出目标要求。

第三种是传达贯彻型。专指对上级会议、有关文件以及指示精神进行传达贯彻的讲话。通常有两种情况：一种是别人作专门传达，领导进行补充强调。这种讲话主要由个人的理解体会、贯彻的意见要求两部分组成。另一种是领导本人作传达。这种讲话，一般先将上级指示精神，或原文不动地传达，或进行串讲，然后提出个人的理解体会和贯彻的意见要求。起草传达贯彻型讲话稿，要注意三点：一要准确把握上级的指示精神；二要十分鲜明地表明领导的贯彻意见和态度；三要提出贯彻落实的具体要求。

第四种是研讨辅导型。专指在座谈、讨论、研究、交流会上的讲话或讲课。这类材料内容上要强调思想性、理论性，做到鲜明地亮出自己的观点，严密的逻辑结构和推理，充分而驳不倒的事实论据。语气上，阐述观点、交流情况、探讨问题一般都是平等商谈。

第五种是表彰号召型。专指在表彰、庆功会议上的讲话。这一类型的讲话材料结构比较简单。首先要交代背景材料，然后介绍被表彰者的先进事迹，最后发出学习号召。起草这类讲话稿，要注意两点：一点是交代背景和介绍先进事迹要高度概括，很少展开；另一点是发出学习号召要明了，重点写清楚向先进学什么。

第六种是汇报发言型。主要包括领导视察时，代表本单位党委机关所做的工作汇报；就某个专门问题，到上一级领导机关进行的专题汇报；上级召开的重要会议上所做的发言讲话等。这类讲话都是对上的，关系到上级对本单位的看法，关系到某项工作能否得到认可和肯定，也关系到汇报发言领导的形象。起草这类讲话稿，要视上级的意图而定。工作汇报，要重在反映本单位工作特点、工作力度、工作成效，把思想性与务实性统一起来，把理解上级指示和创造性贯彻落实结合起来。发言讲话，主要是参加上级党委会、座谈会、政工会时的发言等，要围绕主题、选好侧重点，就某个方面摆表现、找原因、谈见解，不宜面面俱到。

第七种是社交礼仪型。专指在比较隆重的会议或交往场合上的讲话，如祝词、欢迎词等。这类讲话内容通常有：代表个人或组织，对会议或某一件事表示祝贺，向对方表示欢迎或感谢；对会议或某一件事的意义进行充分评价；自己的感想等等。起草这类讲话稿，要短小精悍，文字干净，语句要朗朗上口，富有感情。

讲话稿如按内容的繁简分，一般可分为全稿式、提纲式和要点式。如按用途和性质分，有开幕词、闭幕词、祝词、会议发言、会议总结和各种专题报告等。一般来说，在一般性的会议上或以个人名义所做的讲话、报告、总结等，宜用提纲式或要点式；如在大型、隆重的会议上或外交、礼仪性场合，或讲话内容为一定会议所通过并代表一定机构所做的讲话，则宜用全稿式。由于讲话稿大都是由领导或以个人名义或代表一个单位、一级组织在会议上或隆重场合进行的发言，因而，往往写作要求比较高。讲话稿可以由讲话人撰写，亦可以授意别人代写。

二、把握讲话稿的主题，写出思想

（一）把握主题

通常采用三种办法：

第一种办法是，早打听消息，早做准备。机关有关部门和人员，应该超前进入情况，提前向上级有关部门打听开会的具体时间、基本要求、会议宗旨和领导讲话的要点，哪怕是告诉一个大体意向也好，以便早做调查研究，早考虑本单位领导讲话要点，力求变被动为主动，变仓促应战为预有准备。

第二种办法是，组织写作班子，分工准备。让多数同志在家里准备，个别同志随领导去上面参加会议，及时给本单位通报要点。家里同志接到上级的新精神，抓紧学习理解，做到人没有到家精神先到家，上级会议没有结束，本级会议领导的讲话就有所考虑。

第三种办法是，抓住重点把握理解。经过多年的体验，我发现这样一种规律：一个大会，不管有多少人讲话，发多少文件，总是有一个主讲和一个主题，其他人的讲话多是围绕主讲人的思想、观点，从不同的侧面讲意见、表态度。如果把主讲人讲话的精神吃透了，就等于抓住了主题。只要善于把主要的精力用于抓住重点、深刻理解，就能在较短的时间里吃透上级会议基本精神，在写会议讲话时，也就能较好地把握方向，保证质量。这是一种抓重点、走捷径的好办法，也是很管用的一种办法。

（二）写出思想

讲话的主题确定后，能不能讲得深刻、透彻、精辟，讲出新意，主要看对观点的提炼和阐述，也就是思想性。提炼观点的要求概括起来是"深、准、新、实"四个字。所谓"深"，就是反映问题的层次深，内涵挖得深，道理讲得深，能够讲出"超出一般"的东西，不停留在事物的表面。所谓"准"，就是问题抓得准，原因找得准，分寸把握得准。如果观点有偏差，跟实际情况南辕北辙，对不上号，不仅达不到预期目的，还会产生负面作用。所谓"新"，就是观点新、思路新、方法新，富有创造，不落俗套。所谓"实"，就是贴近基层实际，提出的方法、措施、意见、要求实实在在，能够落实。

一要注重思想性。领导讲话怎样才能具有思想性？一是强化政治意识。领导讲话通常都具有很强的政治性、政策性和导向性，它的思想性最重要的是体现在政治性上，给人以看问题的政治制高点。二是站在理论制高点上观察和分析问题。深厚的理论功底是增强讲话思想性的基础。没有较高的理论水平，就不会有高人一筹的见解，也就免不了就事论事，在低层次徘徊。三是掌握辩证的思维方法。掌握了唯物辩证法这个伟大的认识工具，观察和分析问题就会独具慧眼，抓住本质，找到事物各个方面、各个层次的内在联系，形成统一的而不是混乱的、集中的而不是分散的、完整的而不是零碎的、辩证的而不是片面的观点。这样的讲话才能给人以深刻的启示。四是要有宏观视野。就是要善于站在全局观察和思考问题，提出对策措施。思想的深度往往与人们视野的广度成正比。站得高才能看得远、想得深。一头陷进具体事物之中，反倒看不清事物的真面目。起草首长讲话，要设法站到首长的层面，力求跟首长在同一层次考虑问题，这样才能给人以总揽全局的感受，从而强化讲话的思想性。

二要把握时代性。就是把领导讲话放在时代背景下思考。面对市场经济带来的挑战与考验，尤其是当前新常态下，全面深化各项改革，出现了许多新情况新问题。怎么看待这些问题、怎么解决这些问题，就必须用时代的眼光来审视，用改革发展的办法来解决。领导讲话怎样才能体现时代性，关键是要注重学习运用党的创新理论，当前，最根本的就是要学习运用习近平新时代中国特色社会主义思想，这是我们解放思想、更新观念、解决问题的思想武器。当然，这种运用不是简单的"摘抄引用"，而是要掌握其立场观点和方法，贯彻体现到领导讲话中去，使我们看问题的角度、解决问题的办法因时而变、与时俱进。

三要注重宏观性。人们常说登高望远，站得越高视野越开阔。领导讲话的思想性强不强，一个很重要的标准，就是看讲话所思考的问题宏观不宏观，对全局有没有指导意义。因此，起草领导讲话，不能仅站在局部、用狭隘的眼光分析看待问题，必须学会从宏观和全局上去观察和处理问题。怎样才能使自己的视点高一些呢？关键要把自己摆到全局的高度思考和处理问题。

四要善抓重要性。毛泽东同志在《反对党八股》中，列出党八股八条罪状，其中一条就是"甲乙丙丁，开中药铺"，什么都想讲，结果什么都讲不清。领导讲话不能面面俱到、主次不分，否则就会削弱讲话的思想性。无论哪一篇讲话，它的容量总是有限的，想把每个问题都讲到讲充分很难做到，能在几个问题、几个观点上有所突破，讲出新意来就很不错了。为什么有的讲话听了之后印象很深，就是因为有新意，有深度，有特点；而有的讲话听过就忘，就是因为面面俱到，没有什么特点。因此，我们起草领导讲话，要注意统筹兼顾，突出重点，围绕主题，抓住关键，从一点进入，向纵深开掘，这样才能写出深度。

五要具有指导性。领导讲话的目的主要是解决问题、指导工作，如果缺少指导性，就失去了价值和意义。指导性哪里来，首先，要有针对性。就是主题定得准，问题抓得准，原因分析准，对策提得准。领导讲话只有紧紧围绕人民群众普遍关注的热点难点问题、基层建设存在的突出矛盾和问题，才能起到有力的指导作用。为什么我们写的一些讲话稿领导看了之后不满意，感到说的都对，也很系统，但就是觉得很平淡，缺乏新意，很大程度上就是因为缺乏现实针对性，不痛不痒，无病呻吟，用领导的话讲叫"哭了半天不知道谁死了"。因此，起草领导讲话要力求把贯彻上级指示要求与解决本单位的突出矛盾问题统一起来，把解决带长期性根本性的问题与解决现实矛盾、当务之急统一起来，把领导的关注点和基层群众的所思所想统一起来，真正做到什么问题突出就着力解决什么问题，找准结合点切入点，牵一发而动全身，不能一般化地摆现象、讲道理、提要求。其次，要善于探索形成带规律性的认识。就是要拿出高度概括、高度凝练的思想来，悟出那些让听众刻骨铭心、打下烙印、难以忘记的，甚至能在更大范围产生影响的东西来。三是要授人以"渔"。毛泽东同志说过："一篇文章或一篇演说，如果是重要的带指导性质的，总得要提出一个什么问题，接着加以分析，然后综合起来，指明问题的性质，给以解决的办法。"按照讲话的一般规律，在提出问题、分析问题之后，还要给予解决问题的办法，不能只告诉大家"为什么""是什么"，而没告诉"怎么办"。这就要求我们不仅要在推敲观点、提炼思想方面下一番功夫，还要以更多的精力研究提出真正实在管用的思路办法来。这样，讲话材料就有了较强的指导性。我们一些领导讲话常常喜欢罗列许多现象和事实，但又拿不出办法，只用一句"这个问题必须认真加以解决"来虚晃一枪，这就会使材料的指导性大打折扣。

三、精心布局，努力寻找最适宜的行文结构

（一）讲话稿常见的结构类型

1.横向并列，依次论述

这种结构各层次是"平起平坐"的，不存在谁主谁次、谁轻谁重的问题，都是直接对主题负责。这类结构，开头有一个昭示主题、总括全篇的"帽子"，然后在主题的统率下，平行地讲几个题目，每个题目相对独立地表达一个完整的意思，最后再收拢起来。比如一篇布置经济工作的讲话，开头先讲了经济工作的重要作用，然后分第一部分谈农业，第二部分谈工业，第三部分谈财政，三者就是一种并列的关系。全文最后归结到经济工作上来。这种结构涉及面大，思想容量也大，比较有条理，眉目清楚。但有时处理不好，给人零碎和呆板的感觉。

2.层层递进，逻辑严密

这种结构也可称为纵向掘进式。各层次之间存在相互作用的逻辑关系，

是循序渐进式地铺展开来的。讲话稿内容围绕一个主题思想，分成几个有递进关系的题目和层次，层层递进，深入开掘，最后集中到讲话的目的要求上来。如毛泽东同志于抗战初期在延安抗日战争研究会做的《论持久战》演讲稿，从"问题的提起"，层层阐述了21个问题，120多个条目，对为什么是持久战、如何坚持持久战等现实问题，进行了剥茧抽丝式的深入剖析。全文主体井然有序，纲目历历昭然。再比如一篇加强理论学习的讲话，第一部分谈为什么要加强学习，第二部分谈怎样加强理论学习，第三部分谈学以致用，即学习要同实践相结合，这三者之间的关系就是递进式的。这种结构就是围绕中心思想，先讲"为什么"，再讲"是什么"，然后讲"怎么办"。动员部署类讲话多采用这种套路。

3.突出重点，附带内容

这种结构的层次有轻重和先后之分，把主要内容摆在突出位置，其余的作为附带或补充。比如一篇部署新一年经济工作的讲话，主要的层次排完之后，带上当前经济工作的几个具体问题："第一，抓好春耕生产；第二，抓紧财政工作，确保实现'开门红'；第三，关心群众生活，帮助灾民度过春荒"。这些内容都很重要，但又不是全年经济工作的重点，所以列在后面来讲。

4.主层在前，次层在后

这种结构的主要层次摆在前面，非主要层次摆在后面，为主要层次起烘托和服务作用。比如一篇布置农业和农村工作的讲话，优化产业结构、拓宽农民增收渠道、推进农业科技进步等作为主要层次，后边跟上几段谈改进工作方法、做好服务工作、减轻基层负担和农民负担等问题，这些内容就属于从属层次，为实现主要层次的目标任务提供保障和支持。

5.交互排序，抽出共性

这种结构，在各层次内容有所交叉的情况下，把其中的共性问题抽出来，集中成为另外的层次。比如某篇讲话部署乡镇企业、个体私营企业和二轻集体企业的发展问题，其中每个层次各有各的内容，但都涉及推进科技进步和搞活产品销售两方面的问题，这种情况下，与其按并列式方法每个都谈一遍，不如把这两方面内容集中起来，排在后面写，以免重复累赘。

6.先集中说，再分开说

这种结构也叫总分式排序法。即如某次招资现场会结束时的讲话，首先用一定篇幅肯定和总结这个招商引资的好做法、好经验，从中可以得到什么启示，然后再分出若干层次提任务、谈要求。有时，某篇讲话稿中的某一个问提带有纲领性、覆盖性，若单独列为一个层次，与其他层次又不是并列或递进关系，所以也把它放在前面单独写。如一篇部署企业改革的讲话，它需要提出改革的指导思想、目标任务和原则，显然不能与后边的具体措施和要求混杂在一起，而要在前面先交代清楚，再铺排搞好企业改革的步骤、方法、要求等具体层次，这样逻辑上更顺当，也便于听众把握。

7.一以贯之，一气呵成

这种结构也可称为一以贯之式。围绕一个主题，全文一贯到底，中间可不用序号、标题，而是以自然段划分来表达相对完整的独立的意思。这种结构适用于篇幅短小的讲话，在各类会议（活动）上的致辞、献词、欢迎词，离、任职讲话等场合用。如毛泽东同志的《为人民服务》。也可用于篇幅较长的讲话，而且常常用一些反复出现的标志性语言来划分篇幅较长的讲话层次。

8.板块组合，集中大气

这种结构也可称为板块组合式。就是把需要表达的主要思想，集中地用数块把它写完，再辅写其他想说的。作者可以大刀阔斧地写，写得酣畅淋漓，并且有话则长，无话则短，把最深刻、最重要的思想，集中而鲜明地凸显出来。板块组合式写法虽然文字凝练，表述集中，也比较大气，但也有较大的难度。为了形成板块，就要在围绕主题、整体把握的基础上，学会"滚雪球"，把零碎的变成规整的，把杂乱的变成有序的一个个板块。如果想不顺、理不清，容易写得交叉和零乱。板块一般在四五块以上，少了缺气势，多的有十来块。如毛泽东同志1956年4月在中共中央政治局扩大会议上的讲话（即《论十大关系》），即由十大板块组成。这种结构比较适用于大型综合报告，一般性工作会议讲话用得较少。其通常做法是，将某个领域中的关键问题或某项工作中的关键环节"抽"出来，独立成一部分，依次阐述。相对于其他结构而言，板块结构比较单纯一些，听起来印象较深。

9.设问解答，扣人心弦

这种结构也称为设问解答式。就是紧扣主题，提出若干个鲜明的问题，在逐一解答中表达思想观点。这种结构首先难在问题选择上，要求不仅是立足主题的问题，而且是听众普遍感兴趣，又存在认识差距的问题，甚至是似是而非的问题。解答这些问题，对指导工作、解决存在问题具有重要意义。设问对路，能激发起听众注意力；解答深透，会倍增讲话的感染力。因而，这是一种可以讲出新意的结构。

10.纵横交错，旁征博引

这种结构也可称为纵横交错式。整篇讲话稿按照要说明的问题或事件的发展脉络，既考虑时间发展顺序，又兼顾空间关系的组合。既整体连贯，又有重点展开部分内容。总之，以讲话主题为轴心，多层次、多侧面、多角度地展开。这种写法看似自由，实则难度很大，因为纵横交错中有其内在的思想脉络和逻辑关系，处理不好，容易结构杂乱、重点不重。

还有一些不常见的结构。具体用什么结构和写法，一要看领导的表达习惯，二要看内容和场合。一般来说，如果是起草重大会议用的总结性报告，一般用纵横交错式，利于在较长时间、较大空间中，充分表达思想和内容。如果在宽松自由的场合讲话，让受众听得更清楚一些，可以采用板块式结构。

（二）讲话稿提纲的制作

1.从程序上走好四步

第一步，制作总标题。领导讲话稿通常有总标题、副标题。其中总标题有以下三种常见样式：

一种是体现讲话场合及讲话内容的叙事性标题，也叫简式标题。主要用于小型会议、一般性工作会议或公务活动，如《×××同志在县级以上单位党委书记座谈会上的讲话》。直接写明讲话人在什么会议（场合）讲话便可。有时候标题内不写讲话人的姓名，而放在标题下居中的位置。总标题下方，一般还应标明讲话的日期，用括号括起。

另一种是体现会议主题及讲话内容的观点性标题，也叫双标题。主要用于庄重场合或大型会议、大型活动。这类标题有的还在后面加设副标题，说明什么场合、什么人的讲话，如《沿着科学发展道路奋力前进，在新的起点上加速经济转型，全面提升科学发展能力——×××在中国共产党×××第××次代表大会上的报告》，即由一个主标题和一个副标题组成。主标题常常明确提示讲话主题，概括讲话内容，有时就从讲话中摘出一句关键句。

还有一种是套用相应规范的特定标题，也叫固定标题。即会议（活动）+×××词（讲话）。如各级党代会、人代会上的工作报告以及开、闭幕词，法院工作报告、检察院工作报告等，从中央到地方，沿用几十年不变，成为一种法定标题。如：《中国共产党×××第××次代表大会开幕词》，发表或下发时加上讲话者的姓名、日期。

第二步，在理清层次的基础上，分别列出小标题，作为一级提纲。一级提纲根据主题而展开，是为主题服务的。

第三步，根据一级提纲列出二级提纲，二级提纲又是为一级提纲服务的。这里有两种情况：一种情况是，根据一级提纲的小标题再列出若干细标题，使条理更分明一些，比如一级提纲是"认清形势，明确任务，增强加快发展的紧迫感"，为什么强调加快发展呢？可以从几个方面来说明，如"加快发展是大势所趋；不加快发展就要继续落后；我们已具备加快发展的许多有利条件"，用这样一组小标题来支撑一级提纲的小标题。另一种情况是，不列细标题，仅列出几个层次，一个层次一层意思，组合起来，也能达到同样的目的。

第四步，根据二级提纲，安排好具体要写的内容。在这里，内容又是为二级提纲服务的，必须紧紧围绕二级提纲来展开，包括讲什么道理、提什么要求、举什么例子等，先进行初步构思，并将要点记下来，有时还要把事先想到的或领导提示的关键性的话记下来，以防遗忘。总之，提纲制作是循着"主题→一级提纲→二级提纲→内容安排"的顺序进行的，这就像上下级的关系一样，顺着看是一级"领导"一级，倒着看是一级对一级负责。

2.提纲制作过程中要注意的细节

第一，精心制作小标题。各标题之间既要互相呼应，又要朴实自然，不要生拼硬凑，牵强附会。在这方面，尤应注意排比句的合理使用。排比句的好处是句式整齐，易于记诵，但如果用得太多太滥，或者明明"排比"不成也非要凑成"排比"，那就没多大意思了。如这样一组排比句："进一步解放思想，更新观念；进一步振作精神，坚定信心；进一步突出重点，强攻难点；进一步加强领导，落实责任。"看上去整齐倒是很整齐，条理也清楚，但说来说去都是"进一步"，而且意思平淡，还不如不排比的好。还有这样一组："农业稳市，工业强市，三产旺市，民营兴市，改革活市，开放富市。"这里边几个动词，有的很自然，有的则不自然，"稳""旺""活"三个字就显得有点牵强，且意思表达上也欠准确，如"改革活市"，难道改革就不能"强市""兴市"吗？改革就是解放和发展生产力，比较起来还更带根本性呢！又如"工业强市"，工业化是经济发展的主要标志，工业提供的税收是财政收入的主要来源，难道就不能"兴市""富市"吗？所以对于排比句，能用则用，不能用则千万不要勉强，否则就是作茧自缚，别扭得很，拘谨得很，把句子的生动性都扼杀掉了。

要注意各标题之间的逻辑关系，使之严密、和谐，而不能相互矛盾或相互混淆。比如一篇讲话稿讲了三个问题，小标题是这样列的："一、振奋精神，全力以赴抓发展；二、坚定信心，努力实现农民增收、工业增效、财政增长的目标；三、求实务实，抓好各项任务的落实。"前两个小标题一个讲"精神"，一个讲"信心"，意思差不多，容易相混淆，应将第二个小标题前四个字换一种说法，如换成"突出重点"，这样就区别开来了。又如在"加大力度推进各项改革"的小标题下，列这样一组小标题："1.全面落实各项改革措施；2.打好企业改革攻坚战；3.深化农村改革。"作者把三个小点并列一起，但第1点与第2、3点显然不是并列关系，而是全面与局部的关系，第1点已经覆盖了第2、3点，怎能并列呢？只有把第一点缩小成某一局部的改革，才能与后边两点并列起来。

第二，在制作小标题和安排段落、层次时，要合理使用序号。使用序号的目的是为了使文章眉目清楚，脉络分明。有的同志认为序号随便怎么用都可以，不必为这样的枝节问题费心劳神，这话不对。序号的使用也要讲究技巧、灵活多变，不能僵硬呆板、千篇一律。比如有的讲话稿在标序号时，从头至尾都是"第一、第二、第三"，或"一是、二是、三是"，或"首先、其次、再次、又次"。有的用序号用得太多，有些地方不该用序号也用序号，以至于满篇都是序号，看起来反而觉得费劲，像开中药铺一样。有的用序号显得很别扭，如"第一是要提高认识"，要么不用"是"字，要么不用"第"字；又如"（1）是要突出重点"，后边的"是"字就可以不要。

序号的使用要注意几个具体问题：一是把握什么时候该用什么时候不该

用，如果不用序号也能使层次分明，则可以不用，尤其在篇幅不长、内容集中的讲话稿中，要尽可能少用或不用。在所有的机关文稿中，讲话稿最不宜多用序号，用得越少越好。二是在需要使用序号时，方法上要灵活一些，各种标序方法可变换使用，比如一个大层次中用的是"第一、第二"，另一个大层次则可换用"一是、二是"，不要拘泥于某一种方法。三是要掌握在不用序号的情况下照样使文章层次分明的多种方法，如在段落开头用破折号，在并列的内容之间用分号，在说完一层意思时用"要"字带出另一层意思。举个例子来看，这样一段话："我市国有企业存在的突出问题，一是战线过长，摊子铺得太大，二是经营规模小，中型以上企业屈指可数，三是缺乏支柱产业，没有叫得响的名牌产品。"在这里，用序号当然也未尝不可，但有时为了避免序号用得太多，在几个问题中间用分号标开，意思也是很明白的。

第三，要周密安排文章的起承转合。"起"即开头，"承"即层次与内容之间的前后承接与呼应，"转"即一个层次转到另一个层次，"合"即归纳总结。一篇好的文章，这四个方面缺一不可。比如"承"，就要考虑下一层次的内容与上一层次的内容是否紧密连接，前后贯通，不"承"则会出现内容松散、层次混乱的现象。又如"转"，就要考虑层次转换时如何向下一层次自然过渡，不至于跳跃性太大、文章的连贯性不强，这就需要合理使用过渡词、过渡句和过渡段。写作中我们常常用到"另外""此外""值得注意的是""还需提及的是"这样一些过渡词和过渡句，其作用就是在转折处把层次或段落粘连起来。当然，更重要的"转"还在于结构设计的内部逻辑性要强，由表及里，由因而果，由破而立，是一种顺理成章的"转"，而不是生硬做作的"转"。

（三）讲话稿常见的开头

以下开头比较常用：

（1）直入式。开头就直叙本题，切入正文。即用一两句话，直接点明讲话内容，让听众一下子抓住讲话主题。这种开头庄重、简洁，对控制会场的气氛有较强的作用。如毛泽东同志在《改造我们的学习》中的开头："我主张将我们全党的学习方法和学习制度改造一下。"

（2）概括式。即把要讲的内容用几句话概述一下，说明讲话的缘由和要点，以引起听众的注意。这是用得比较多的方法。如邓小平同志在《目前的形势和任务》这篇讲话中是这样开头的：

"同志们，元旦我在政协讲了大概一刻钟的话，胡耀邦同志和其他的同志要我向更多的同志谈一谈，作为对大家一年工作的希望。现在在我们党内和人民当中，也确实有一些问题需要得到解答。当然，今天的讲话不可能什么问题都谈到，有些问题也不一定能谈得很好。既然大家希望讲一讲，我就讲一讲。

我想讲三部分。第一部分，讲一讲八十年代我们要做的三件大事和我们进入八十年代的形势，主要是讲国内形势。第二部分，讲一讲实现四个现代化必须解决的四个问题，或者说必然具备的四个前提。第三部分，讲一讲坚持党的领导，改善党的领导。"

（3）点题式。即对要讲的问题，表明讲话人的态度，然后顺着把下面讲的主要内容点出来。如毛泽东同志在《整顿党的作风》讲话中开头："今天我想讲一点关于我们的党的作风的问题。"

（4）设问式。开头提出一个发人深省的问题，引发听众的兴趣。如毛泽东同志在莫斯科共产党和工人代表会议上的讲话中，就提出一个问题："战争是不是能够打赢？"这种设问式的开头，不仅吸引听众的注意力，而且突出了讲话的主旨。

（5）政策式。在开篇就简明扼要地阐明大政方针和相关决策部署，然后再联系实际，叙述自己要讲的内容。

（6）背景式。开头将有关的背景材料介绍一下，帮助听众了解问题的来龙去脉，加深对讲话主旨的理解。当然这种背景材料必须是多数听众不了解的新情况。如斯大林1941年7月31日的广播演说，以重大事件（德军向莫斯科大举进攻）为开头，让听众在震惊之余，进一步了解有关情况及对策。

（7）引入式。开头先讲几句题外的话，把听众的注意力吸引过来，然后话锋一转，进入正题。如某语言学家在一次关于语言问题的报告中，一开头先讲起他吃早点的事情。原来他在早点店里，看见价目表上将"豆浆"写成"豆江"，"油饼"写成"油并"，由这两个错别字说起，谈到当前语言文字上存在的问题。这样的开头亲切、自然、新颖，易于引发听众的兴趣。

（8）分析式。以分析当前某方面的形势，指出召开会议（举行活动）的重要性、必要性作为开场白。

（9）任务式。开篇就把面临的任务提出来，然后再就如何完成好任务，列出有关问题，分别叙述清楚。

（10）评价式。一些纪念性等集会上的讲话，一开始对所纪念的人物、事件作出介绍，同时作出评价，然后交代讲话的目的。

（11）名句式。就是用一句名言、谚语作为开头。

（12）慰问式。开头对人对事表示祝贺和慰问，主要用在表彰大会、庆功大会等。

（13）动因式。即由会议的目的牵出话题。

（14）归纳式。即概括会议的性质或特点，如"我们这次文代会，是全市文艺工作者的群英会，是开创我市文艺事业新局面的动员会"。

（15）承接式。这种方法常见于继一位领导讲话之后的又一位领导讲话，一般是首先肯定前一位领导的讲话，如"刚才，××同志就如何深化教育体制改革讲了很好的意见，请各单位认真贯彻落实。下面，我再补充几点意见"。

总之，开头的方法是多种多样的，无论取何种方法，只要能做到开门见山、开宗明义、朴实自然就行，不必拘泥于某种格式。

（四）主体部分的写作

主体的结构主要分为：板块式、自然式、提纲式三种。板块式就是主体分为几个部分，每个部分都是相互独立的内容。要做到开头有观点、中间有分析、最后有结论。领导讲话稿由许多分论点支持一个大的观点。自然式是不分段落，一个自然段，按逻辑关系排列内容。提纲式是简单列出提纲构思出思路，具体内容再补充。

我们经常用到的是板块式和提纲式。内容一般为：一是提高认识，二是怎么做，三是怎样保障做好工作。三段论是比较常见的也是一般的写作方法。以某年某市经济工作会议为例：一、总结去年的工作，二、分析今年的工作，三、对今后工作提出要求。其中第二部分又包含了几个分内容。基本上采用了总分总的结构，有些也采用总分结构，在段落开头用一个小标题或一句话来提出观点。

几种常见讲话稿的结构模式：

（1）开幕词。其基本内容包括：宣布会议名称、出席会议的单位和人员，说明会议的中心任务（或议题）、会议的背景和意义，提出会议的开法及要求，表示致辞者对会议（或对会议出席者）的期望和祝愿等。其结构形式，一般都是按照上述内容和顺序，分成若干段或层次，分别叙述。

（2）闭幕词。其基本内容包括：回顾会议的主要内容，表明对会议的评价，概略分析议决的主要问题，对贯彻会议精神提出要求和号召。其结构形式，可以按照上述内容和顺序，分段写清即可。

（3）祝词。这是在比较隆重的会议上使用的。其内容通常包括：致辞者个人或所代表的机构对会议的祝贺，对会议意义的认识、参加会议的感想，以及预祝会议的成功等。如果是对庆祝会之类的祝词，还应写上对英雄模范学习的内容等。

（4）会议发言稿。其基本内容包括：对会议报告和其他领导同志发言的看法，回顾会议的内容，对会议的评价；根据会议精神，侧重就几个问题或者一个问题的几个方面，发表自己的意见和见解。意见和见解部分可以分成若干点或若干条，其余部分简略表明态度即可。

（5）会议总结讲话稿。其基本内容包括：简述会议概况，表明对会议的评价；阐述会议的收获，这是重点部分；提出对今后工作的安排和意见，或对今后工作做些强调；对贯彻会议精神，进一步搞好工作提出要求。其结构形式，通常是将内容分成几部分，分别叙述；每部分冠以小标题或标明序数；重点部分还可以分成若干条，详细阐述。也可以将会议概况和对会议的评价作为一个较大的帽子，然后分几个部分或几个问题写。

（6）专题报告稿。一般都有个小帽子，简介报告的题目和报告的目的。实际上就是提出报告的中心观点（或主题）；然后紧紧围绕这个中心观点，分若干问题加以阐述。每个问题可以冠以小标题或标明序数，内容可视其简繁，或分层次段落，或分问题条目进行阐述。

（五）结尾的写作

几种常见的结尾方法：

（1）结论式。即根据前面所讲的内容进行概括和升华，以结论的语气加重内容的分量，以求给听众留下深刻的印象。如这样的句子："总之，改革才有出路，改革才能加快发展；不改革，就无法摆脱困境，就只能是死路一条。因此，我们一定要以更大的气魄、更大的决心和更有效的措施推进改革大业，掀起新一轮以改革促发展的热潮。"

（2）号召式。即以召唤的口吻提出要求，调子高昂，希望听众呼应，共同行动。如"各级干部积极行动起来，抢抓机遇，扎实苦干，为加快发展再创佳绩，再立新功！"

（3）鼓动式。这和号召式结尾有点类似，不同之处在于：它是以表达某种信念和决心来激发人们内在的动力。如毛泽东同志《为建设一个伟大的社会主义国家而奋斗》一文的结尾："我们正在前进。我们正在做我们的前人从来没有做过的极其光荣伟大的事业。我们的目的一定要达到。我们的目的一定能够达到。全中国六万万人团结起来，为我们的共同事业而努力奋斗！我们的伟大的祖国万岁！"这诗一般的句子，带着昂扬的情怀、铿锵的节奏，使人感受到一种排山倒海、无坚不摧的力量，不由自主地激奋起来。

（4）肯定式。这种方法常用于提示人们看到有利条件，增强必胜信心。如"虽然国有企业发展面临很多困难、扭亏增盈任务艰巨，但只要我们加大改革力度，落实各项改革措施，带领干部职工扎实苦干，就一定能开创国有企业发展的新局面！"

（5）提问式。这里虽然用的是问句，但不是疑问，也不需要回答，而是一种肯定式的提问。如"党把我们放在如此重要的岗位上，人民群众对我们寄予如此深切的期望，我们还有什么个人利益不能抛弃，还有什么理由不奋发努力呢？"这种句式有时比正面号召更有力度，更发人深思。

（6）希望式。即对听众提出带有希望和鼓励的话语。如习近平总书记在北京大学师生座谈会上的讲话结尾："实现'两个一百年'奋斗目标，你们和千千万万青年将全过程参与。有信念、有梦想、有奋斗、有奉献的人生，才是有意义的人生。当代青年建功立业的舞台空前广阔、梦想成真的前景空前光明，希望大家努力在实现中国梦的伟大实践中创造自己的精彩人生。我相信，当代中国青年一定能够担当起党和人民赋予的历史重任，在激扬青春、开拓人生、奉献社会的进程中书写无愧于时代的壮丽篇章！"

（7）祝愿式。即用祝福的话语作为结尾。

（8）平实式。即话到完时自然收尾。如"我就讲以上几个问题，请同志们认真研究，抓好这次会议精神的落实"。一些研讨会、座谈会上的讲话也用这种方法，而且还带有谦虚、商量的口吻，如"我上面讲的几点意见不一定对，供大家参考"。因为这类会议不是布置任务而是探讨问题，与会者可以各抒己见，领导者出面讲话虽然也带有指导性质，但不宜用命令口吻，这样听众会觉得更好接受一些。

这里顺便讲一讲结尾的遣词造句问题。既是结尾，它的句子与开头和主体部分应当有所不同，特别是一些大型会议如党代会、人代会、动员大会、总结表彰大会上的讲话结尾，领导者一般都会加重语气，提高声调，就像指挥千军万马发起冲锋，这时的句子就要与之相适应，否则就达不到这种效果。这就要求在遣词造句上要认真斟酌。一要富有动感，如"开拓""前进""奋斗""拼搏"等，以使句子生动起来并具有形象性。二要用肯定语气，以增强语言的力度，如"务必""坚决""一定""只要……就"等，表示某项工作非做好不可，不能有丝毫的怀疑和犹豫。三要讲究意蕴，即具有启迪性和说服力。如"坚冰已经打破，航道已经开通"，用比喻手法向人们展示光明的前景；"差距也是一种潜力，竞争也是一种机遇"，用哲理式语言给人们以启迪；"只要精神不滑坡，办法总比困难多"，用结论式语言增强人们克难制胜的信心。四要有节奏感，即句子念起来铿锵有力。或用排比句，如"我们一定要强化公仆意识，以造福人民为己任；一定要廉洁自律，维护党的崇高形象；一定要弘扬实干精神，为人民多办好事、实事"；或用短句，如"希望同志们急起来，动起来，干起来，团结拼搏，再立新功！"或长短句结合，如"只要我们团结一致，振奋精神，真抓实干，克难攻坚，就一定能夺取经济建设和社会发展的新胜利！"前边四个短句音节相同，就像一支雄壮的队伍在奋勇挺进，后边的长句则如穿越关山、登临高峰，号召力和感染力溢于言表。最后一句收尾处如何用词也值得讲究，有用三个字的，如"实现……新突破"；有用四个字的，如"为……努力奋斗"；有时也在后边再分别加上相同音节，以加强句子的气势和力度，变为"实现……新突破、新跨越""为……而努力奋斗、再创辉煌"。这说明音节的合理搭配是很重要的。

第四类　汇报材料的写作技法

汇报具有报告工作、反映情况、提供意见建议、取得上级支持、接受上级机关指导等功能。汇报是下情上传的桥梁，是密切上下级联系的纽带，是上级掌握第一手材料、提高决策科学性的重要环节。汇报还是领导和上级机关考察干部的重要途径。汇报所体现的绝不仅仅是单位的情况，还包括汇报者的综合素质。

一、汇报材料的种类和基本特点

工作汇报通常分为综合性汇报、专题性工作汇报、阶段性工作汇报和随机性工作汇报四种类型。

综合性汇报内容比较宽泛，包括各方面工作、各项任务的完成等情况。一般应讲清开展工作的指导思想、主要方法、取得的成绩和进步、存在的问题与打算等。

专题性汇报是指就某项工作、某项活动、某个方面的问题进行单项汇报，一般在一项工作完成或告一段落时进行。要求主题明确、内容单一，不涉及其他内容。像党的群众路线教育实践活动情况汇报等。

阶段性工作汇报就是指某项工作或全面工作开展一段时间后，把有关情况汇总起来，向有关领导和机关所做的汇报。像月度工作汇报、季度工作汇报等。这种汇报一般写工作进程和成绩比较概略，而对遇到的矛盾问题和下一步打算写得比较具体。

随机性工作汇报是指上级领导和机关就某些方面或某个问题要求所属单位在短时间内或现场所做的汇报。这种汇报往往没有预定的内容、时间和地点。通常应汇报领导最关心的问题以及本单位急需上级领导和机关了解的情况。

工作汇报稿一般有三个特点：一是时间性比较强，往往时间要求比较急。二是因为是对上一级甚至上几级领导汇报，所以汇报稿的质量要求比较高。三是内容取舍具有机动性。听汇报的时间长、有正规的汇报场合，要准备详细的汇报材料，条件允许的情况下还应配合多媒体；汇报时间较短，场合不固定的，则准备的汇报材料就应简略一些；短时间的汇报通常只写纲目，列出有关事例即可，这要根据当时当地的实际情况而定。

（一）汇报基调是"下对上"

汇报材料与请示报告是相似的文种，都是下级向上级领导或机关汇报工作、反映情况、提出建议时使用的应用文体。准确把握这一角度和表述基调非常重要，因为，这不仅仅是个尊重上级的态度问题，更重要的是一种工作态度。领导及上级机关听取汇报的目的，是为了准确掌握下情，指导工作，增强决策的科学性。作为下级就应该如实、全面深刻地提供情况。不然，就可能出现为了图表扬而汇报假情况、为了应付检查汇报表面"亮点"情况的现象。此外，把汇报材料写成单位工作总结，或者写成工作布置，还可能闹笑话。

（二）汇报内容力求"价值反馈"

在通常情况下，上级领导和机关的工作思路往往是遵循这样一条轨迹：了解情况—形成决策并部署落实—检查落实成效并总结讲评，再进入下一个循环过程；作为下级来说，在落实上级指示和任务时，所遵循的轨迹则是：听取部署—抓好贯彻落实—及时汇报落实情况—根据上级的新指示再深入落实。上级领导及机关与下级的这种互动，从信息学的角度说，就是上下级之间"了解情况与决策"和"落实并汇报反映情况"的信息互动。这种信息互动对上级领导和机关来说，下级提供的信息具有重要的价值。因为，从落实中反馈出的高质量的信息，更有利于上级领导和机关修正和完善原来的决策，并不失时机地推出新的决策。上级领导和机关对下级反馈信息的评价，往往不是以数量多为标准，而是选取那些具有重要价值的信息。因此，在准备汇报材料时，必须充分考虑所汇报的内容是否真正能为上级领导和机关决策提供有价值的情况和素材。只有这样想，这样做，才能写出高质量的汇报材料。

（三）表现形式重在展现"亮点"

在下级领导和机关准备汇报材料的过程中，通常最关心的一个问题，就是如何使本单位的工作汇报真正得到上级领导和机关的肯定和认可。应该说，这种想法是可以理解的。然而，在准备汇报材料时，切切不可将这种想法转化为"妙笔生花"式地做花样文章。其实，一个单位的工作汇报，是其工作实际的真实反映，上级领导和机关对汇报材料的肯定，从本质上说，是对单位实际工作的认可和满意。因此，写汇报材料，应该尽量突出重点，尽可能地展现单位工作的亮点。无数实例证明，只要我们按照这一特点确定汇报材料的重心，构思汇报材料的提纲，提炼汇报材料的素材，广泛听取意见，反复锤炼内容，必定能够写出既被上级领导和机关认可又让本单位领导满意的汇报材料来。

二、理清汇报材料的写作思路和要求

工作汇报材料没有固定的模式和统一的标准，根据工作汇报的特点、作用及公文的一般要求，应当做到主题突出、层次清楚、语言简练、结构严谨，要特别注意以下几点：

一是阐述情况要有条理。汇报材料有纲有目，脉络清晰，使人听了后能分出个子丑寅卯。通常应先作总体概括，后分项叙述；先谈工作过程，再讲经验体会，然后才有下一步打算。每项具体工作可按时间顺序或工作阶段来归纳叙述。谈经验体会要列出甲乙丙丁，有分析有结论，揭示规律，讲计划打算要条理清晰，不能"饺子面条一锅煮"。

二是介绍做法要有新意。上级领导和机关了解情况，最关注的是单位建设中遇到的新情况、新问题和解决问题的新方法。起草工作汇报时，一定要把解决新问题的办法措施亮出来，真正拿出新举措，提出切合实际的意见建议。

三是总结经验要有特色。大同小异、千篇一律的东西算不上特色，必须是本单位独创的、实际工作中管用的新鲜经验，让人听了有耳目一新之感，能受到启发。起草汇报稿时，对需要汇报的经验体会，应注意多讲一些人无我有、人有我新、人新我奇的情况。当然，必须反对猎奇式地瞎编滥造。

四是分析事理要有深度。无论是介绍经验还是总结教训，站立点要高，对问题要有深层次的认识和独到的见解。特别是对出现的新情况和发生的不良倾向，一定要把根源找准，把后果危害分析透，并能见微知著，透过现象看到本质，就事论理；回答好为什么、怎么办。这样，汇报稿才有分量，使人听了打烙印。我在工作中发现，绝大多数领导干部特别是机关的同志，听取汇报都愿意听些具体事，最反感的是面面俱到的大话、空话和套话。所以起草汇报稿时，应当注意多运用一些鲜活的具体事例，透过这些鲜活的小事，使人能够小中见大，受到启发，引起思考。

五是反映功过要有例证。肯定成绩要有具体数据，说明进步要有前后对比，介绍先进典型要有具体事例，反映问题要有据可查，一般不要用"估计""可能""大概""差不多"等字眼。尤其在查摆问题时，对表现比较差的个人或工作比较落后的单位，必须坚持用事实说话，切忌凭空编造和合理想象。

六是评价用语要把握分寸。坚持一分二、客观实在地汇报情况、评价工作，是汇报材料的基本要求。我们要坚决反对和防止讲成绩滔滔不绝，把话说得过满；讲经验体会随意拔高，把话说过了头；讲问题和教训遮遮掩掩，轻描淡写，一带而过。

七是今后打算和措施要有依据。表明下一步的工作计划和打算，是工作汇报的基本内容。提出计划和打算既要符合上级精神，更要符合本单位实际，不能为了标新立异，乱提口号，也不能为讨好上级而定高指标、大计划。

八是提出意见建议要有理由。上级领导和机关在听取汇报后，通常要征求基层的意见建议，在起草汇报材料时，应对需要向上级反映的意见建议进行认真思考和研究。提出的建议要符合基层实际，切实反映基层群众的意愿和心声，同时要有充足的理由，以便上级领导和机关及时采纳，进行决策。

三、把握汇报材料撰写的行文结构

汇报材料，一般包含下列部分：一是概要说明；二是工作内容（总结或汇报的内容）；三是存在的问题；四是解决问题的办法及评价意见。

在工作汇报材料中，经常要描述一个或多个工作过程。要想清楚完整地描述一个工作过程，必须把握住下列七个要素：

一是人——参与工作的人物；二是事——工作的内涵；三是时——工作的起始及终了时间；四是地——工作进行的地点、环境；五是因——工作的起因、缘由；六是历——工作过程的循序表达；七是果——工作过程的结果。

汇报材料的结构，一般由标题、成文时间和署名、称谓、正文等部分组成。

（一）汇报的标题

汇报标题一般有三种写法：

一是公文式标题，也称简式标题，即由"汇报事由＋文种"构成。如"关于落实全省人才工作会议情况的汇报"等。

二是非公文式标题，也称复式标题，由正标题和副标题两部分组成。正标题一般是同汇报内容有关的一句话，如"突出实践特色确定活动载体"；副标题一般是标明汇报的内容、范围、文种等，如"关于我县开展'创先争优'活动的汇报"。

三是文称式标题，即用简略的文字直接点题，如"××工作的情况汇报"。

（二）成文时间和署名

汇报的成文时间一般以作者定稿的时间为准，署名与成文时间多在标题之后，各占一行，居中排列。

（三）汇报的称谓

称谓是指汇报的主送单位和个人。若是书面报送，一般只送单位不送个人。如果作为面对面的口头汇报材料，则应根据听取汇报的人员情况来确定。

（四）汇报的正文

一般由开篇、主体、结尾三个部分组成。

第一，开篇部分。也称前言、开场白，主要介绍汇报的目的、原因，或概括工作的总体情况、得出的有关结论，介绍汇报的有关背景情况等。但不论何种开篇，都要简洁明快，开门见山。

第二，主体部分。汇报材料常用的主体结构分为三种，即纵式结构、横式结构、纵横交错式结构。纵式结构是指按照事物发展的内在逻辑或时间顺序来安排观点和材料。横式结构是指将掌握的材料和形成的观点按照其性质或类别，并列放置，分别叙述，从不同的方面综合说明汇报的主题。纵横交错式结构，就是纵式结构和横式结构的结合使用。

第三，结尾部分。汇报一般有一个简要的小结，作为对汇报的总体内容的一个纲要性总结，这一部分可以省略，也可扼要表述。汇报单位的名称可写在标题下面，也可放在文末，与成文时间并行。

四、写好汇报材料的主体内容

如何写好工作汇报，让领导听得清楚、看得明白、觉得认可，其关键在于把握"明、精、高、准、简"五字诀。

一是明，即情况明。明上情，察下情，是写好工作汇报的关键环节。在起草汇报材料之前，我们首先要明上情。在吃透上级政策法规的基础上，研究听汇报的人最关心什么、最重视什么、最想听什么。通过领会通知、查问了解等方式明确上级所关心的问题，做到有的放矢。通常做工作汇报，对直接上级应尽量具体，对更高级别领导相对概括；对主管领导多讲全局，对副职或部门领导多说分管；向机关人员汇报时，则应多讲些闪光的思想、鲜活的事例等等。其次要察下情。原始、丰富的事例材料，是使汇报具体、生动的前提条件。撰稿人一定要紧紧围绕汇报的主题，体察下情，广收博取，对本单位工作的每一个阶段、某个领域情况，尤其是突出成绩和薄弱环节的情况了如指掌。如遇撰写突击性汇报材料，时间紧、任务重，无法亲力亲为，就应充分发挥综合协调能力，尽量把原始材料搜集和初步写作任务分解到相关业务科室，以便自身有更多的精力放在材料的"精加工"上。这样既有利于赢得时间，减轻压力，又有利于占有丰富的材料。

二是精，即选材精。一次成功的汇报，其内容必须要有鲜明的针对性。选材时，要注重把握"三多三少"原则，根据本单位的工作特点、突出成绩、存在问题来取舍汇报内容。首先是多选实质性的材料，少讲过程性的东西。召开了多少个会、组织了多少次学习讨论、开展了多大声势的宣传活动等，这些过程性的内容尽量少写，几句话带过即可。重点要多写些本单位是如何贯彻，又是怎么落实的实际工作。其次是多讲真话和实话，少讲空话、套话和恭维话。一些汇报常常围绕上级部署谈认识、谈体会，大段大段地评价上级决策如何英明正确，其实这些都是上级文件和领导讲话中已经讲清楚了的，不必再唠叨一遍。要紧紧围绕上级想听、想看的实实在在的做法与成效进行选材，做到既有"面"的浓缩，又有"点"的铺陈，用具体数字说话，增强材料的说服力。再次是多选重点的、有特色的材料，少讲一般性的贯彻情况。有些汇报材料写得很具体、很实在，但面面俱到，繁杂琐碎，看完印象不深。我们在选材时要注重发现工作上最鲜亮、最感人的材料和特色做法，尤其要把那些从实际出发创造性地开展工作的好举措、好效果反映上去，而这也是上级领导最想要了解的。如在评议政风行风工作中，某局领导的工作汇报没有面面俱到，而是重点抓住本部门的特点，只讲了三条：一是严于律己，与自己"过不去"；二是开门纳谏，与群众零距离；三是认真办事，与群众心连心。由于突出了本部门的个性特点，给上级领导留下了深刻印象，并借助新闻媒体得到推广。

三是高，即立意高。撰写汇报材料是一个总结、提高、升华的过程。好的汇报唯有善于归纳、观点鲜明、掷地有声，才能令人过耳不忘。所以汇报材料要注重归纳，适当议论，力求有思想、有见解、有高度，给人以启发，为领导在更高层次上的决策提供思想资源。首先要立足工作中的亮点归纳总结，杜绝简单堆砌。其次要把握工作中的细节深化主题，避免大而化之。最后要抓住事物的本质提炼观点，避免太过抽象。如某局从执法、服务、文化、评建四项具体工作入手，把有个性的东西挖掘出来，提炼观点，制作出工作汇报的四个小标题："依法稽查，助推创业，劲风疾吹促发展；优化服务，做响品牌，和风涤荡暖人心；廉洁从政，文以化人，清风扑面扬美名；评建并举，正本清源，新风长塑奏强音。"此汇报让人听后，觉得有深度、有味道，印象深刻。

四是准，即语言准。工作汇报是向上级反映情况，提供信息，直接为上级领导和机关决策服务。写汇报稿的同志，在语言上一定要准确真实，通俗易懂，避免因情况失真或出现偏差，影响全局，酿成大错。首先尽可能地运用"数字化"语言，用数字语言来体现事物的量。少讲过程多讲成果，运用多个综合性数字，用确切的时间和数量，准确、精练地反映事物的量。其次要正确使用模糊性语言，准确把握事物的度。再次要精心锤炼语言，提高语言的精准度。运用修饰、限定等方法，在符合客观实际的基础上，准确表达汇报内容。最后是充分考虑有声语言的特点，按照"口语化、短句子、多分段"的要求撰写，使讲者自如，听者易懂。

五是简，即结构简。起草汇报材料的基本要求是：层次分明，事实清楚，简明扼要，实话实说。在安排汇报材料的结构层次上，由于工作汇报往往受时间限制，所以，汇报材料一定要注意做到层次清晰，结构简明，以便于领导听清弄懂。首先，线条要单一。每部分只说一项内容。其次，情节要简单。突出主要情节。再次，过渡要自然。一般要有过渡句，以使听汇报的人不觉得突然。另外，我们还可以运用主题句作为小标题，每个部分的各个层次也都运用主题句的形式领起，起到"首句标其目"的作用，使得层次更加清晰，主题更加鲜明，观点更加明确。

那么，到底如何写好一份汇报材料呢？

（一）汇报材料的开场白

汇报材料是一种带有口语特点的文字材料。一般的文字材料要开门见山、单刀直入，汇报材料却要进行适当的铺垫，要有个开场白。

开场白的内容视汇报者的身份和汇报的对象、场合等情况而不同，有很大的灵活性。大致有以下几种情况：

一是表示对上级领导机关的欢迎和感谢。二是概述工作简况和汇报的主要内容。三是介绍汇报的由来，顺势引出汇报的内容。四是从评价其他同志的汇报入手，引出自己的汇报。五是从介绍汇报准备情况入手，引出汇报的主题。

（二）基本情况的写法

汇报材料的基本情况，类似于工作总结的概述或前言，通常概括写明所做工作的主要依据，简述工作过程，并对工作作出总体评价。基本情况的内容根据汇报的主题各有侧重：有的侧重于工作指导思想和工作思路，有的侧重于取得的成绩；有的侧重于做了什么，有的侧重于怎么做的。基本情况的概述是为整个汇报材料奠基定调，作用非常重要，但篇幅一般不长，一般在150字左右。

基本情况部分的篇幅也有比较长的，有一篇关于党委班子建设经验的汇报材料，材料的开头用450字的篇幅介绍了党委班子的基本情况。这些介绍不仅具有概括和铺垫作用，而且对于上级机关更好地了解党委班子建设经验也很有帮助。如果上级领导和工作组是第一次到本单位检查指导工作，在正式汇报经验、做法、成绩和进步前，一般还应介绍一下背景情况，如单位历史沿革、工作历程、重要荣誉、编制情况、主要任务等。

（三）工作过程和经过的写法

在汇报材料中，工作过程和事件经过的叙述一般比较概略。工作过程多出现在专题汇报材料中，一般写法是时间+工作内容。有时是工作阶段划分（如第一阶段、第二阶段，准备阶段、实施阶段）。事件的经过通常出现在事故案件汇报和先进事迹汇报中。一般采取叙述手法而非描写手法。

（四）工作经验和做法的写法

经验和做法既有联系又有区别。经验是从成功的做法中总结出来的：采取某种做法产生了好的结果，获得了成功，说明这样做是正确的，是符合事物特点规律的，这种做法上升到理性的高度，就成了经验。经验舍弃了具体事物的个性特征，侧重于反映事物的共性，因而具有抽象性特征。而做法着重于反映事物的个性，具有具体性特征。从语言表述上看，经验的表述比较间接，有理性特点，而做法的表述比较直接，看得见、摸得着，具有感性特点。从题目上看，经验的表述侧重于反映内在联系，特别是因果关系，而做法的表述侧重于"做什么"和"怎么做"，具有写实的特点。材料中的"一是""二是""三是"都是介绍"怎么做"的，既有工作内容，又有结果，写得很具体很实在。

（五）所做工作和取得成绩、进步的写法

所谓工作，就是做了哪些工作，主要反映工作内容，即"做了什么"。

还有的不仅说明"做了什么"，而且说明是"怎么做的"。这里所说的"怎么做的"带有经验的性质，重在通过做法反映经验，不仅仅是介绍做法。

成绩，是汇报材料中最常见的内容，几乎所有的汇报材料都有关于成绩的叙述。什么是成绩？成绩反映在汇报材料中就是做了哪些工作，取得了什么成效，重点反映成效。严格地讲，一件事做过了，在结果出来之前还不能算成绩，因为此时说不定是什么结果，说不定是"败笔"。但目前所见的汇报材料，把过程当结果已非常普遍。

成绩与进步既有联系又有区别。成绩侧重于表现成果，而成果是有形的。进步是在比较中表现出来的，而成绩则没有这样的要求。由此可见，对一份具体的汇报材料来说，从成绩的角度反映，跟从进步的角度反映，写起来还是有区别的。当然，现在也有一种办法越来越流行，就是把成绩和进步合起来写，题目干脆就叫"取得的成绩和进步"。

（六）观点和认识的写法

汇报材料主要是谈"事"，但有时也需要谈观点、谈认识。需要指出的是，汇报材料中的观点和认识，不同于学术文章。汇报材料中谈的观点和认识，与实践结合得更加紧密，既谈为什么，又谈怎么办，不是纯粹的理论

阐述。

（七）存在问题和困难的写法

凡涉及工作成绩、经验和进步的汇报材料，一般都要汇报存在的问题。问题和困难常常一块儿说，但二者的含义有所不同。问题主要指工作中存在的差距、欠缺和不足，是应该做好而没有做好的，也是能够依靠自己的力量解决的。而困难主要是指做好某项工作、实现某个目标、完成某项任务面临的不利条件和障碍，通常难以依靠自身力量解决。问题往往是无形的，困难通常是有形的；问题是总结概括出来的，困难是明摆着的。写问题，在指出问题的同时往往还要对问题进行分析。

看到问题是头脑清醒的表现，正视问题是解决问题的前提。在汇报中谈问题要实实在在，不要轻描淡写。

（八）今后打算的写法

在汇报材料中，今后打算的写法有两种情况：一种是今后打算是汇报的一部分（通常放在最后）；一种是把今后打算作为汇报材料的主体。两种情况的写法不同：前者略写，后者详写；前者是"纲目型"，点到为止，因为它不是汇报的主要内容，后者是"论述型"，有思路、有目标、有措施。

（九）意见和建议的写法

一般情况下，意见和建议是汇报材料的附属部分，篇幅比较简短，主要是与本单位直接相关的内容。一般是每条建议一句话，总共只有一百来字。但是，如果汇报的对象是下基层调研的工作组，则另当别论，篇幅可以长一点。有时还要有看法，包括工作思路和具体对策。

（十）请示事项的写法

请示事项可以分为两类：一类是本单位有条件、有能力承办，但超出本级权限，本级无权决定的事项；另一类是本单位没有力量解决，需要上级给予支持和帮助的事项。请示不是汇报材料的固定内容，但确有一些汇报材料中包含请示事项。特别是关于工作方案、计划和大项活动安排的汇报，本身就带有请示的性质。

跟领导面对面汇报工作，一方面，可以使领导通过听取汇报全面了解情况；另一方面，可以借此机会提出单位建设和工作运行中的困难，取得上级支持。汇报中，有的领导往往主动询问单位有什么困难和问题，所以要注意利用汇报这个机会，把请示事项提出来。

从结构上看，请示事项的内容由两部分组成：一是事由的叙述，二是事项的叙述。二者的写作要求有所不同。事由的写作要求是把理由说充分，把为什么要做这件事、抓这项工作的意义在哪里、面临的困难是什么说清楚。这一部分最关键。没有充分的理由，请示事项就引不起上级的重视，也不会得到上级的批准和帮助。事项部分的篇幅一般比较简短，重在把需要上级批准什么事项或提供什么帮助写清楚。

（十一）汇报材料的结束语

汇报结束时，一般要有个简短的结束语。其内容不外乎：工作中还有不少问题和不足，离上级的要求还有差距；今后将更加努力，争取把工作做得更好；汇报中如有不妥之处，请领导批评指正；希望领导机关一如既往地关心支持我们的工作，我们绝不辜负领导和上级机关的期望；等等。有时，结束语是表态性的。

结束语要简短利落，态度诚恳，符合场景，不要程式化，不要过于客套。话不在多，有时一两句话即可。例如："我的汇报就到这里。有不妥当之处请首长批评指正，不全面的地方请其他常委补充。"

五、把握汇报的技巧

怎样才能在有限的时间内，把所做的工作汇报清楚呢？就一般的汇报而言，关键要讲清"四点"。

（一）要讲重点

上级领导到下属单位来，作为下属单位的领导，想详细全面汇报工作，也是情理之中。但不能忘记，上级领导来检查工作或进行调研，是有明确任务的，要么是为分管工作而来，要么是为当时的中心工作而来。因此，在汇报工作时，必须摸清情况，突出重点，绝对不能求全贪大，面面俱到。汇报时，要讲上级领导想知道的重点，讲上级领导最关心的重点，同时，一定要有做法、有成效、有经验、有体会，让领导听了后感到有所收获，有所启发。

（二）要讲亮点

上级领导下基层，都希望多了解一些下属单位的情况，特别是各单位的亮点，尤其是对全局工作具有指导意义和示范作用的好经验好做法，更是不能放过。在汇报亮点时，一定要把握好度，既不能夸夸其谈，又不能就事论事，一定要恰如其分，使上级领导愿意听，听得进，记得住。

（三）要讲焦点

焦点问题就是基层群众普遍关心的敏感和热点问题，这些问题，有的是社会存在的普遍性问题，有的是基层存在的倾向性问题。上级领导下基层搞调研或检查工作，也是最关心焦点问题，如果听不到焦点问题，总会有块心病，调研也是有缺憾的。因此，向上级领导汇报工作，很重要的一点，就是要主动汇报焦点问题，特别是那些影响或制约基层单位长远建设发展，并带有一定倾向性的问题，必须汇报清楚。这样，才会引起上级领导的高度重视和关注，才能达到汇报的目的。在汇报焦点问题时，事前必须进行广泛的调查研究，掌握第一手材料，摆出问题要实事求是，分析问题要全面准确，提出建议要有的放矢。

（四）要讲难点

单位有大小，困难有大小。在现实工作中，有些基层单位的领导向上级领导汇报困难时，不管是大小困难，生怕遗漏了，胡子眉毛一把抓，不作选择地抛向上级领导，让上级领导感到这个单位除了困难就没有成绩，这既不利于基层单位的发展和建设，也不利于基层单位的干部成长。把所有困难不分大小、不分难易，一律汇报，这是不负责任的表现。对本单位或本人工作中遇到的困难要区分层次、区别轻重，对经过自己努力可以解决的困难，就不应再向上级汇报。向上级汇报的困难，必须是本单位或自己无法解决的重大困难，同时，也是最迫切需要解决的问题。从一些成功的经验来看，汇报一两个事关单位发展的重大困难，做到少而精，并讲清楚解决好这一两个困难对单位长远发展甚至大局的影响，这样就可以引起上级领导的重视，你所上报的困难也就更容易得到解决。

六、起草汇报材料应注意的问题

起草汇报材料需要注意的问题很多，最主要的有以下几个方面：

（一）要快速反应，全面准备

首先要准确把握汇报主题，明确汇报的内容和重点。对自己不够熟悉或了解不准确的情况，要自下而上地进行全面调查。对中心工作、主要任务，要把相关背景材料、具体数据、典型事例掌握具体和全面。

（二）要抓住特点，反映特色

汇报材料必须始终抓住本单位的特殊情况、特别的做法、有特色的经验做文章，而对一般化、无特色的工作，则应尽量少写或不写，千万不要面面俱到而不注意突出自己的特色。

（三）要文风朴实，不落俗套

使用语言以朴实准确为要。汇报材料的口气、语调要恰如其分，贴近基层实际，切记要把自己摆到适当的位置上，千万不能把对上的汇报写成对下的讲话，口气大，语调硬，甚至像在作指示。根据时间定篇幅。汇报材料的详略长短，要根据听汇报者所需要的时间和关注点而定。汇报时间充足或上级需要了解详细情况，篇幅可长一些，写得详细具体一些，汇报时间短，就要做到长话短说。总之，无论篇幅长短，都要注意突出重点，详略得当，语言简练。

（四）要突出主旨，重点明确

首先要搞清楚上级领导听汇报的意图，要按照领导的要求准备汇报材料，切不可偏离主题、答非所问或缺漏汇报内容。其次，汇报内容要围绕上级领导的关注点。要清楚听汇报的人最关心啥、最重视啥、最想听啥，围绕这些问题作重点汇报。如果能提炼出新的思想观点、新的经验，让领导受启发就更好了。再次，汇报内容要符合上级领导的思维特点和语言风格。最后，汇报内容要紧贴上级领导分管的工作。领导分工各有侧重，上级领导分管内的东西要多写，分管外的东西要少写。

（五）要写出特色，详略得当

汇报中面上的、共性的内容尽量少写，本单位本部门最具水平、最有特色的内容要多一些。要做到写出特色，一要先声夺人，把工作中最鲜亮、最感人的内容放到最前面。二要说清说细，给人以完整清晰的印象。三要抓住本单位的特点，充分挖掘、展示与众不同的效果，力求给人以启迪和收获。

（六）要注意总结，写出高度

汇报是一个总结、提高、升华的过程，汇报材料要力求有思想、有见解，能给人以启发。汇报材料的思想性体现在素材、事例和阐述的道理中，分析得好不好，思想的深刻程度大不一样。要做到：一是突出工作中的亮点，把有个性的东西挖掘出来，分析透彻；二是从具体工作入手，不能大而化之，过于抽象；三是抓住本质，杜绝简单材料堆砌，写出深层次的东西，防止表面化。只有这样，汇报才有深度、有味道，给人启迪，耐人寻味，才能给领导留下深刻的印象。

（七）要分清层次，结构合理

汇报材料，一般包括工作开展情况、工作成绩、存在的问题与建议，今后的打算等内容。所以，材料如何布局、如何安排，需要仔细推敲，精心斟酌，尽量把情况说清楚，把成绩汇报充分。因为时间的限制，汇报材料要做到层次清晰、结构合理，让领导能够听清弄懂。首先线条要单一，每部分只说一项内容，其次情节要简单，突出主要情节，不必事无巨细、面面俱到。最后前后内容要自然，要有过渡句，避免使人有突兀的感觉。

（八）要情况准确，语言简洁

汇报工作是向上级领导反映情况、提供信息，为上级机关决策服务。所以，情况必须要真实准确。写汇报材料人员，要说实话、报实情，一是一、二是二。讲成绩，不能随意拔高、扩大，谈问题不能回避、掩饰。能够量化的，要用数字说话。汇报材料语言要简明，多用短句，这样便于说，也便于听，而且干脆有力，节奏感强。

第五类　工作研究的写作技法

工作研究类的材料，是指针对中心任务的各项实际工作中带有普遍意义的重要问题进行研究、提出建设性意见的分析阐述性文章。工作研究类材料属论文范畴，它重点是针对实际工作作分析阐述，即是对某项工作要不要做、为什么做和怎么样做，作者能发表具有直接指导性意见的一种文体，它比学术论文具有更鲜明的实践指导性和社会效益、经济效益性。与此相联系，它的写作也讲究一定的时效，不像学术论文那样从容，理论分析也不可能那样系统全面，在问题的研究上强调政策性、可行性。这类研究材料也不同于纯粹新闻体裁的工作评论、经济评论，它重在分析说理基础上的献计献策，提供解决实际问题的方法和途径，不能只作肯定、否定的明确评论，对某项工作或某个问题该怎么做不该怎么做，不能只发表原则性的议论。由此可见，围绕具体工作而撰写的研究类材料是广大干部、实际工作者和普通群众议论各项工作较为灵活的工具，具有较强的群众性。

一、认清工作研究类材料的作用

工作研究类材料是一种新兴的应用文体。它是就实际工作中遇到的新情况、新问题进行研究探讨并提出独到见解的一种文章样式。它以工作为研究对象，针对工作中存在的问题进行分析研究，或探索其产生的原因，或提出解决的意见、措施和办法，从而推动工作的顺利进行，有时也对工作的某些方面做探索性或总结性研究。

这种样式近似于调查报告，但比调查报告更侧重于对工作的分析和认识，更着眼于从工作实际研究和解决工作问题，在表达上也比调查报告有更多的议论色彩，带有学术式、讨论式、探讨式的特点。由于工作范围广，其种类也比较多，诸如政策工作研究、经济工作研究、思想工作研究、管理工作研究和工作方法研究等。

工作研究类材料，是以贯彻落实党的实事求是的思想路线，发扬民主，集思广益，加强和改进工作为重点的。因此，它具有十分重要的实践意义，其作用具体说来主要表现在下面几个方面：

一是有助于开辟认识真理的道路，克服教条主义。各个单位、各个系统以及各个领域的工作必须从实际出发，坚持马克思主义与本单位的实际相结合的原则，在实践中不断地探索总结，开辟掌握规律、认识真理的道路。党和国家制定的路线方针政策，以及上级的有关指示要求，来之于实践，又要回到实践中去，指导各项工作。工作研究就是解决将上级的原则指示或要求与本系统、本单位的实际情况相结合的途径和方法，也就是从客观实际中去认识原则、指示的正确性和真理的客观性。

二是有助于补充、修正、完善党和国家的现行政策，克服主观主义和官僚主义。工作研究的撰写，不仅在落实党和国家的路线方针政策，以及军队的法规制度，使之与活生生的现实紧密结合发挥重要作用，而且还可对调整现行政策本身不完善或不切合实际的方面，发挥应有的作用。通过调查研究，撰写工作研究材料，对现行政策本身不完善或不切合实际的方面提出补充、修正、完善的建议，也是对党和国家方针政策认真负责的体现，对于坚持实事求是的思想路线，克服主观主义和官僚主义，避免犯错误具有重要的意义。

三是有利于开创各项工作的新局面，克服无所作为的思想。各个系统或各个部门工作中的各项政策、规定、指示、要求的制定和贯彻，都是在改革开放的总方针指导下进行的，撰写工作研究，就是从实际出发，通过深入的调查研究、科学探索，发现新问题，寻找新途径的过程，这有助于集中群众的智慧，总结实践中的新经验，推进改革的深入和发展。经常运用工作研究的武器，就能使我们在错综复杂的矛盾和斗争中时刻保持清醒的头脑，采取积极而稳妥的方针，找到切实可行的办法和措施。既不因循守旧、无所作为，也不脱离实际、急于求成，从而保证各项工作扎实地向前推进。

二、把握工作研究材料的选题

以具体工作为研究对象的研究类材料也同常规的学术研究一样，遵循提出问题——分析问题——解决问题的逻辑思维过程，具有专题讨论、探讨客观规律的特点，但它毕竟不同于学术研究，有其鲜明的个性特点，主要表现在：

（一）是不是工作急需回答和解决的问题

这种研究材料的议题来自工作实践，一般都是实际工作中出现的某个亟待弄清和解决的问题，是人们普遍关心的热点、难点。问题的研究和解决具有现实紧迫性和普遍的社会意义。与此相联系，研究对象和研究成果的应用范围都有着鲜明的具体针对性。对象是特定的，议题是特指的，都针对着某一个具体的工作和问题；通过定向研究、专门分析，经由个别到一般再回到个别，特殊到普遍再回到特殊的理性思维、逻辑表述，获得规律性的认识，提出合理可行的见解和对策，直接用于指导某一项具体工作的开展或问题的解决，其应用范围也是具体的、特指。诚然，任何本质的抽象、理性的升华、规律的把握，都将获得普遍的指导意义，但工作研究毕竟不同于系统全面的理论分析，它注重理论与实践的直接吻合，其普遍的指导意义仅局限于同类事物、同类或近似的具体工作上。至于其研究的方法，解决问题的思路，可能产生的更为广泛的启迪作用，则是超出其研究初衷和应用范围的另一意义上的指导性了。

（二）是不是方向性或倾向性的问题

我们从事的实际工作，都是在上级的有关指示、规定的指导下进行的，这种研究材料实际上是对方针政策和实际工作进行的双重研究和双向研究，是探寻两者最佳的结合部和结合度。一方面，要在总的路线方针政策、法规制度与当时当地的工作实际的紧密联系上，研究某些具体方针、具体政策在实际工作中发挥作用的正确或失误的程度，提出修改完善的意见；另一方面，研究某项具体工作的成败得失，或是研究开展某项工作需要解决的实际问题，总是同时要研究与该项实际工作有关的方针政策，使提出的对策与有关的方针政策相符。如果实际工作偏离了方针政策，解决问题的重心就放在寻找如何正确落实现行政策的有效途径和办法上；如果发现政策本身失误、有疏漏、有缺陷，解决问题的重心就放在提出调整某项具体政策的建议上。它的动机和目的是为了补充、修正、完善党、国家和军队的方针政策，克服主观主义和官僚主义，是为了深化改革，开创各项工作的新局面。

（三）是不是别人没有研究过或研究得不深的问题

这种研究材料的落脚点是要具体解决工作中的实际问题，得出切实可行的对策性意见。因此，总是要向未被人们广泛认识的未知领域探索寻找新角度和新思路，进到事物本质更深的层面，提出全新的解决办法来。这种探寻必须是实事求是的，提出的对策必须是有理有据、可信可行的，这就要讲究科学的态度和方法。

三、确立工作研究材料的主题

工作研究文章的主题，是作者在大量占有材料的基础上，经过反复的分析、研究而提炼出来的思想结晶。它既反映了作者本人的能力和胆识，也是衡量文章有无价值及价值大小的最重要的标志。因此，工作研究文章的成败得失，主要不是取决于文章的体裁和文字技巧，而取决于其思想内涵，即主题。相反，文章结构、形式和语言表述，都应当服从于表达主题的需要。

（一）衡量主题的标准

衡量一篇文章主题的好坏，基本的标准是六个字：深刻、新颖、集中。

（1）深刻。所谓深刻，是指主题要有深度，有穿透力，在认识上要高人一筹。第一，要能够切中时弊，透过现象抓住本质。抓住了本质和要害，就能够确立好的主题。第二，要能够小中见大，见微知著。一滴水也能够折射出太阳的光辉。有许多小事情，只要把它们放在大背景下看，或者用发展的眼光去看，就能发现其中的不寻常之处。因此，要善于从一些不起眼的小事中悟出大道理来，从一些幼稚、弱小的事物中揭示出发展趋势和客观规律来。第三，要能够由"正"见"奇""见人所未见，发人所未发"。这里的"正"包含有正常、符合常规、具有普遍性等意义，"奇"则包含有奇特、出乎意料、具有特殊性等意义。文章的立意如果能突破大多数人的认识局限性，自然也会显得深刻一些。

（2）新颖。所谓新颖，是指主题要有新意，能给人耳目一新之感。要在确保主题正确的前提下"有所发现，有所发明，有所创造，有所前进"。不能总是跟在别人后面走，拾人牙慧，老生常谈。要使主题新颖，应注意两个基本的要求：一是要"因时"，即紧跟时代的步伐。只有满足时代的要求，及时回答时代所提出的问题和人民群众所关心的问题，这样的主题才能有新鲜感。二是要"换位"，即改变观察问题的方位和认识问题的角度。尽管是老问题，也要从不同的角度去认识它，推陈出新，翻出新意来。"因时"讲的是时间，"换位"讲的是空间。有些文章的主题之所以不新颖、一般化，一个重要的原因就是作者只知道求同思维，不善于求异思维，不会"换位"思考。如果作者所表达的中心思想正是大家都那么看、都那么想，也都那么说的，自然就会了无新意。

（3）集中。所谓集中，是说主题必须鲜明、单一。主题就是中心思想，中心只能有一个。一篇文章中，如果贪大求全，面面俱到，出现两个或两个以上的主题，就会像一盘散沙，失去中心，甚至令读者不得要领。主题高度集中，才能给人留下深刻的印象，"点燃"读者的心。

（二）提炼主题的方法

（1）必须从已有的材料出发。所谓提炼主题，就是从大量的材料（包括各种理论材料和事实材料）中筛选、概括、抽象和熔炼，提取蕴含在其中的思想结晶。没有原材料，就谈不上筛选和提炼。文章的主题是对全部材料中蕴含的思想意义的高度概括，它不是外在的东西，不能游离于材料之外，不能由作者随心所欲地确定。俗话说："巧妇难为无米之炊。"写文章，尤其是写研究文章，如果没有"米"——理论材料和事实材料，即使写作技巧很高明的人，也不能形成有价值的观点，无法写出好文章来。因此，材料对主题的形成有着客观的、不可动摇的制约作用。一般说来，研究文章中主题的孕育和形成大都经历了以下过程：作者在对客观现实进行大量的调查研究之后，面对若干具体的人物、事件和现象，或受到感动，或得到启发，或产生共鸣；继而引发思考，激起联想；终于发现了矛盾和症结，悟出了本质和规律；于是，水到渠成，瓜熟蒂落，文章的主题应运而生了。

（2）必须努力发掘本质。提炼主题，从哲学上说，就是作者通过对材料的分析和思考，在思想认识上所完成的由感性认识到理性认识的飞跃。这时，作者已经不再停留于对事物或现象表面的、片面的、零碎的认识，而是深入到事物的内部，经过由此及彼、由表及里的"改造制作"，达到对事物或现象整体的、全面的、本质的认识。要努力发掘附着在事实材料中的思想意义和理论意义，善于捕捉居于支配地位的主要矛盾和矛盾的主要方面，着力把握研究对象的个性或特殊性。

（3）必须为现实需要服务。研究类材料一般都有很强的现实针对性，所以在确定主题时，必须牢固树立为贯彻党的路线方针政策的意识。正如列宁所指出的那样："要选政治上重要的、为大众所注意的、涉及最迫切问题的主题。"只有抓住工作实践中最敏感的"神经",切中时弊,击中要害,才谈得上深刻和新颖,才能引起强烈的反响和共鸣。

四、搭好工作研究材料的结构

（一）理清思路

具体地说,构思时应当着重在以下三方面下功夫:

一是要确定论点体系。写研究类材料就是讲道理,以理服人。毛泽东同志说过:"分析好,大有益。"要讲道理,就要会分析。有些人写文章之所以感到无话可说,主要是不善于进行分析。确定论点体系,就是对既定的中心论点加以分析、解剖;进行条分缕析,使之具体化为若干个分论点。俗话说:"一个篱笆三个桩,一个好汉三个帮。"对于篇幅较长的研究文章而言,如果只有中心论点,没有分论点,就会显得单薄、干瘪。只有对总论点进行分析、解剖,形成若干个并列的分论点或若干个层次的分论点,文章才会做得丰满,说理才能透彻。对总论点进行剖析,常用的方法有两种:一是"切西瓜"法,就像切西瓜一样,把总论点分解为若干个有并列关系的分论点;二是"剥竹笋"法,就像剥竹笋一样,把总论点分解为若干个层层深入、环环相扣的分论点。应当注意的是,总论点与分论点之间是主从关系,总论点是统帅,是中心;分论点必须紧紧围绕着总论点,支撑着总论点,为总论点服务。

二是要确定论证体系。确定论证体系是指思考、筹划运用哪些论证方法和论据材料来进行有说服力的论证。具体应当考虑三个问题:（1）材料的取舍问题,即要选用最有说服力的事实材料和理论材料去支持总论点及各个分论点,也就是前面所说的主题必须高度集中;（2）材料的安排和使用问题,即什么样的材料应当归属于哪个分论点,事实材料和理论材料应当如何合理配置,怎样才能最有效地发挥材料的作用;（3）论证的方法和形式问题,比如，究竟是运用正面立论的方法还是运用反面驳论的方法；如果是正面立论，还应考虑究竟采用哪些具体的论证形式，是用归纳法还是用演绎法，是用比较法还是用例证法；如果是反面驳论，还应考虑究竟是反驳他人的论点，还是反驳他人的论据，或者是揭露他人在论证上的逻辑错误？

三是讲求思维方法。总起来说，有效的理论思考应当注意这样几个问题：第一，要解放思想，做到"不唯上，不唯书，只唯实"。不论研究什么问题，如果一味地满足于用现成的理论、原则去作说明和注解，这样的文章尽管也有某些宣传教育的作用，但是对于认识新情况、解决新问题、发展已有的理论没有多少价值。第二，要加大信息的输入量，全面了解与研究课题有关的知识。闭目塞听，孤陋寡闻，就打不开思路。第三，要重视形象思维和灵感思维的作用。理论思考主要是一种逻辑思维，但如果沉湎于"画地为牢"式的冥思苦想之中，就会束缚思维积极性。因此，还要善于运用想象和联想去激发思维的活力，善于捕捉由灵感思维而产生的思想火花。大凡长期搞文字工作的人都有这样的体会，有时对某个问题绞尽脑汁也不得其解，但在吃饭、睡觉时却可能无意识地冒出思想火花，突然找到了解决问题的办法。这时，就应该立即把它们记录下来。否则，事过境迁，可能再也回忆不起来了。

（二）拟写提纲

理清思路后，就要开始列提纲了。提纲是作者思路条理化的文字显现，是建筑在观点和材料基础之上的总体框架，也是整篇文章的"蓝图"。提纲中最基本的内容应当包括总论点、分论点，以及由它们所形成的层次架构，或者说，它就是文章标题体系的雏形。较细的提纲还应当分别在每一层次的论点之下注明需要用到的论据材料和论证方法。

列提纲的具体方法是因人而异的。有的人是先考虑成熟了，然后一气呵成，一笔落下。有的人是先有一个比较粗的轮廓，然后边想边写边修改。也有人事先并没有完整的思路和框架，而是想到一点记下一点，经过逐步的充实、调整，才形成提纲。

列提纲一般应当从纵横两个方面去考虑。从纵的方面看，就是要考虑开头写什么，主体部分写什么，结尾写什么；每一个部分之间怎样承接，怎样过渡；从前到后怎样安排顺序条理和逻辑结构。从横的方面看，就是要考虑怎样把中心论点解剖成若干个分论点，怎样再进一步把每一个分论点具体化为若干个段落或层次，还要考虑每一个层次的论点中使用什么材料，怎样论证。这样就能逐一理出头绪，横向展开。

当然，在实际拟写提纲时，是不能把纵横两个方面截然分开的。而应当"纵横交错"，拧在一起。

五、工作研究材料的主体撰写

（一）明确结构

工作研究报告，一般包括标题、署名、正文三部分，正文又由前言、主体和结语组成。

1.标题

工作研究报告的标题多种多样，有的标明研究的问题，有的标明基本观点（揭示主题），有的标题采用提问的方式，有的则采用陈述方式。工作研究报告的标题要求直接、具体、明确、尖锐。

2.署名

署名即在标题下面或右下方，写上工作研究报告的作者姓名。

3.正文

正文基本上是根据提出问题、分析问题和解决问题的文路构成的。它由前言、主体和结语组成。

（1）前言。这一部分的内容包括以下几个方面：分析形势，提出研究的课题，介绍课题原有研究情况；简述研究的必要性和意义，提出全篇的基本观点等。前言部分要简明扼要，一般用一个自然段完成。

（2）主体。主体是工作研究报告的核心部分。该部分大体按摆出问题——分析研究——提出解决方法和设想的"三段式"步骤展开思路，组织安排材料。对于问题的分析研究，既可以将它分成几个相关的部分，从不同侧面、不同方位进行探讨；也可以按照"是什么、为什么、怎么样"的顺序，一气呵成地写下去。

主体部分类似调查报告的写法，有情况，有分析，有建议；相当于论文的写法，尤其是分析问题产生的原因时，多用议论和论证，理论色彩较浓。

（3）结语。结语以少量文字强化主题，概括总结全文，或者点明意旨即可。有的工作研究报告无结语。

需要指出的是，对于工作研究报告的主体部分来说，提出问题、分析问题、解决问题只是它的逻辑结构线索。涉及具体的研究对象时，在写什么和怎么写上往往没有固定的格式。有的侧重于分析原因，有的重点写办法和措施，有的较多表述存在问题的多种形态，有的将分析问题和解决问题结合起来写。具体安排应根据文章的研究目的和内容来确定。

（二）拟制标题

1.标题的一般要求

标题是文章的"眼睛"，是统观全文的"窗口"。"看书看皮，读报看题"，这句话人们通常是用作贬义的，即批评某些人在学习上不肯下功夫，走马观花，浅尝辄止。但这句话也从反面说明了一个道理：文章的标题总是最先与读者见面的。看人先看脸，看脸又首先看眼睛。研究文章的标题则应当概括、贴切、简明、新颖，要传神。所谓"概括"，是说标题要总括全篇内容，使人见题如见文。所谓"贴切"，是说标题应当与文章的内涵相符合、相对称，既不能帽（标题）大头（文章的内涵）小，也不能帽小头大，而应当恰如其分。所谓"简明"，是说标题要精练、明快，力求用最简洁的语言来表述。所谓"新颖"，就是新鲜、醒目，富有吸引力和感染力，使人过目难忘。

2.拟制标题的基本技巧

文章的标题包括总标题和层次标题。有的文章只有一个大标题，有的文章则可能有二级标题甚至有三级标题。这完全是依据文章的长短及表述的需要而定的。但无论什么文章，都必须有一个总标题。下面分别从内容、形式和感情色彩三个方面来谈谈怎样拟制研究文章的总标题。

（1）从标题的内容看。在研究文章中，标题所反映的内容通常不外乎两种情况：一种是揭示论点的，即标题就是文章的中心论点。如，《"两个凡是"不符合马克思主义》《基层干部也要清廉》。另一种是反映论题的。这种标题只是告诉人们，作者所研究的问题或所抓住的矛盾是什么，至于最后会得出什么结论，要等读者看完全文才能知道。如，《谈谈政工干部的人际关系》《思想政治工作的"着眼点"应放在哪里》等。相比较而言，揭示论点的标题推敲起来难度较大，因为这种标题是对文章中心思想的概括。它不但要精练，尤其要准确、贴切。而反映论题的标题则相对容易概括一些。因此，拟制标题时，首先应当从内容方面来考虑，从读者最感兴趣、最需要了解的论题或论点中概括出鲜明、醒目的标题。

（2）从标题的形式看。一般说来，形式总是要为内容服务的。但形式的作用也不能小看。标题的形式就像商品的外包装，同样的商品，包装得漂亮就容易吸引顾客，就易于畅销。同样的道理，文章写得好，再加上一个形式考究的标题，就更容易吸引读者，打动读者。纵观标题的形式，种类相当多，常见的有以下几种。

一是直叙式。即开门见山、直截了当地指明论题。如《正确认识反腐败斗争的复杂性》《提高机关干部素质的十种方法》。

二是论断式。即旗帜鲜明地给予肯定或否定。这类标题一般是直接揭示总论点的。如《建立社会主义市场经济更需坚决维护中央的权威》《政治工作是一门科学》《领导干部抓基层不宜长期实行"定点挂钩"》。

三是提示式。通常是含而不露地提出问题，故意留下悬念。 如《一个极其重要的政策》《"寓教于乐"探微》。

四是论辩式。即开宗明义地摆出两种尖锐对立的观点，充满了"火药味"。如《"友谊"，还是侵略？》《是现实，不是神话》。

五是设问式。即以疑问句做标题，使人急于去寻找答案。如《人的正确思想是从哪里来的？》《怎样当好基层党支部书记？》。

六是谐音式。即有意识地利用同音不同形或同音不同义的字和词来亮明基本观点，给人以诙谐、幽默之感，并能使人留下深刻的印象。如《要向前看，不要向钱看》（取"前"和"钱"的谐音）、《严格管理应当从"头"抓起》（"头"并非指开始而是指领导者）。

七是巧用成语、俗语和典故。有的可以直接套用，有的可以巧妙地改用。它能给人以意味深长之感。如《愚公移山》（直接套用典故）、《"好事"为何"多磨"？》（将"好事多磨"拆开了）、《有话则短，无话则免》（这是相对于"有话则长，无话则短"而言的）。

（3）从标题的感情色彩看。前面讲的论断式和论辩式标题，都有比较强的感情色彩。除此之外，还有号召式和告诫式两种类型的标题。如，《永远保持艰苦奋斗的作风》《用坚定的信念把人民团结起来》就属于号召式的标题;《不要四面出击》《吸取历史经验，防止错误倾向》则属于告诫式的标题。不过，使用这两种标题应当慎重。因为它与作者的身份及其权威性有直接关系。

以上三个方面并不是相互孤立的，而是互有交叉、互相重叠的。只是为了叙述的方便，我们才把它们分开来加以说明。一般说来，如果作者认为自己所写的文章尚不能成为定论，或者要表示谦虚一些，就应当少用论断式的标题，而应使用诸如"关于×××的探讨""××初探""浅议×××""×××之管见""××刍议"之类的字眼。如果对所论述的问题不是很有把握，或者论文的意义不是特别重大，一般不要轻易使用"论×××"或"×××论"，而用"试论×××"就可以了。

此外，如果文章中需要使用二级标题和三级标题，也应当反复琢磨和推敲，要使之非常贴切地反映内容，真正起到画龙点睛、"立片言而居要"的作用。同一层次的小标题，尤其是二级标题，应当尽可能相互协调，结构和字数要大致相同。如果难以达到这些要求，有时可干脆不加小标题，而用一、二、三或（一）、（二）、（三）等序号把全文分隔成几个部分。

（三）写什么

1.抓住重点

自然界异彩纷呈，人世间万象杂陈，新的情况在变化中产生和发展。尤其是改革开放，它使社会由表面到深层，社会成员从思想观念到生活方式、行为方式都发生了前所未有的变化。新情况、新事物层出不穷，我们从哪里下手去开展工作研究？重要的一条就是要紧跟党中央部署和深化改革开放的新形势，带着问题去观察去比较，从变化中捕捉新情况。深入实际生活，在改革与发展的大潮中敏锐地观察和捕捉新问题，努力寻找解决问题的新办法。要强化研究者的宏观意识，自觉站在全局的高度看问题、想问题、献计谋。这样写出来的研究成果质量才会高，作用才会大。

2.选准特点

毛泽东同志曾经指出，不研究矛盾的特殊性，就无从辨别事物。这是颠扑不破的真理。就拿人来说，不论是中国人还是外国人，不论是男人还是女人，都长着两只眼睛、一个鼻子，你要是研究人而不说明他们的特征，就讲不清你研究的是什么人。研究人是这样，研究其他的事物也是这样。凡事物总是千差万别的。即使是同一个问题，在不同的单位、不同的环境、不同的时期，表现的形式和内容也会有所不同，这种不同点就是特点。我们在写工作研究文章中，抓不准问题的特点，就抓不住本质和规律，写出的东西就难免千篇一律。有经验的同志调查研究每一个问题，总是倾注全力抓特点，围绕特点做文章，写出的东西就很有针对性、很有新意。

3. 攻其难点

凡是研究类文章，都是为了回答一些人所不知、人所浅知、人所难知、人所想知的问题，揭示本质和规律，提出独到的见解，发挥好"先导"作用。要达到这一目的，就要潜心钻研有关事物的难点，并在攻克难点上下苦功夫，花大力气。攻下一个难点，就能获得突破性的进展，取得超人一等的研究成果。我们撰写研究类材料需要强化攻坚克难意识，掌握攻坚克难的方法，把研究的重点放在攻克人们普遍关心和担心或未能引起重视的难点、疑点、歧点和热点问题上。凡是这样做的，写出的研究文章质量就高，提出的意见和建议进入领导决策就多，自己的业务素质提高也快。要善于攻克被大多数人忽略的问题，善于攻克普遍难回答的问题，善于攻克人们尚处于一知半解的问题。当然，研究这样的问题，难度比较大，正因为有难度，如果研究出成果来，或在某个方面有突破，它的实用价值也会更大。在改革开放和社会转型期，新的事物层出不穷，热门话题很多，大家都看到了，也都在议论，但处于一种一知半解的状态，我们的工作研究就应该敢于碰这样的问题。

4. 创新观点

写各种文章都要求新，撰写研究类文章更要求新。这是因为所有的研究都是在历史和现实的基础上进行。研究"昨天"的经验，是为了从中引出规律性的结论，以指导"今天"和"明天"。研究"今天"，是为了总结推广那些有顽强生命力、有普遍推广价值的新方法和新经验。如果只是重复历史和现实，跟在别人的后头走，就失去了研究的意义。研究每一个问题，写每一篇研究文章，应极力求立意新、角度新、观点新、见解新。

六、锤炼工作研究材料的语言

语言的表达也叫行文，包括起草和修改定稿。它是把作者的思维成果变成详细的、可以交流的书面语言的过程。有人认为，既然有了提纲，照着提纲往下写就是了，其实不然。行文也是一个艰苦的再创造的过程。这是因为，第一，想好了与写明白并不是一回事。一个问题，一个观点，要想明白、想通了固然不容易，但要让它见诸文字，用准确、生动、精练的语言表达出来，就要花费更大的力气。研究文章与一般文学作品的语言表达既有共性要求，也有特殊要求。比如，要让人愿意看、看得懂、看后有所得，这就是共性的要求。但是，研究文章主要诉诸理性思维，强调以理服人，论点要正确新颖，论据要充实可靠，分析要科学严谨，对策要具体可行，语言要朴实明快，等等，这就是特殊性的要求。而这些要求必须通过语言表述才能实现。研究文章对语言表达的基本要求是：

1.要言之有物

毛泽东同志说过："最不应该、最要反对的是言之无物的文章。"言之有物，应该是写文章的第一条要求。不管是说理也好，叙事也好，抒情也好，状物也好，都应当有充实的内容，使人读后感到有收获，有启发。防止空话连篇，无病呻吟。

2.要言之有据

言之有据，是说写文章要善于使用材料。文章中的材料大体分为两类：一类是理论材料，包括前人已揭示的科学原理、客观规律和他人的研究成果、名言警句等；另一类是事实材料，包括正反面的典型事例和统计数据等。一方面，写文章必须有作者自己的思想和自己的语言，否则，就没有个性特征；另一方面，如果完全使用自己的语言，连必要的引证也没有，文章就会缺乏权威性和说服力，甚至难以达到沟通的目的。18世纪瑞士著名教育家裴斯泰洛齐说过："千言万语，都远远不如提出一个好例子。"研究文章不但要有好观点，还要有好例子。有时候，费了很多口舌也说不清楚，或者虽然说清楚了却不能令人信服，而只要举一个好例子，就能使人疑窦全消，茅塞顿开。

怎样使用材料？

第一，要准确可靠，决不能掺杂使假，胡编乱造。如果用了一个不真实、不可靠的材料，整篇文章的价值就会大打折扣。

第二，要贴切精当，决不能游离主题，堆砌臃肿。应当根据论证观点的需要，选择最恰当、最典型、最有说服力的材料，而不要把许多材料一股脑儿地堆在一起，也不要人为地硬拧角度，把事实材料当成"任人打扮的小姑娘"。

第三，要新鲜生动，而不要使用陈旧、过时、已被别人用滥了的材料。俗话说："吃别人嚼过的馍不香。"有些文章，思想观点很新颖，也很深刻，但因为所用的材料都是一些"陈芝麻烂谷子"，就难以给人留下印象，甚至让人不愿意往下读。

3.要言之有理

研究文章通常都要宣传某种思想、观点和主张，这就离不开说理。说理不但要有鲜明的论点、充分的论据，还要有正确的论证方法和严密的论证过程。即通过分析和综合、归纳和演绎、概括和抽象等形式逻辑和辩证逻辑的思维方法与论证方法，带领读者沿着作者的思路一步一步地前进，不但使其心悦诚服，而且还能使其受到启发和感悟，最终实现由感性认识向理性认识的飞跃。

4.要言之有文

所谓言之有文，是指写文章不但要正确地使用语言文字，而且要讲求文采。具体地说，要注意以下几点：

第一，科学严谨。如，表达概念和判断时要准确周密，前后一致，不能自相矛盾，自食其言；阐述观点和主张时要全面辩证，防止片面性和绝对化；对问题作出评价时要把握好尺度，防止以偏概全，宁可留有余地，也不能说过头话。比如，一件事，如果仅仅是"好"，就不要在"好"字前面加上"非常"之类的副词；反之，如果仅仅是"差"，也不要随意在"差"之前添上个"很"或"极"。

第二，简练概括。研究文章要求有很强的逻辑性和概括性，既要环环相扣，又要言简意赅。恩格斯说过："言简意赅的句子一经了解，就能牢牢记住，变成口号，而这是冗长的论述绝对做不到的。"因此，无论是对事实和过程的叙述，还是对问题的分析、解释和说明，都要概括、简练，惜墨如金。在能够表述清楚的前提下，能少说一句就少说一句，能少用一字就少用一字，切忌语言拖沓、啰唆、重复。总之，要防止把某些闪光的思想湮没在一大片废话之中。

第三，朴素生动。研究文章首先要朴实，一般不轻易使用夸张的手法和艺术性的渲染，也不轻易使用杂文式的尖锐直接的语言，更不能像古典哲学著作那样晦涩难懂。朴素的基本要求就是平易近人，通俗易懂。另一方面，研究文章也要强调修辞，讲求文采，即要有生动活泼的语言。毛泽东同志说过："如果一篇文章，一个演说，颠来倒去，总是那几个名词，一套'学生腔'，没有一点生动活泼的语言，这岂不是语言无味，面目可憎，像个瘪三吗？"生动的基本要求是直观形象，能激起共鸣，引发联想，从而使"躺"在纸面上的文字"站"起来。

第四，谦虚诚恳。工作研究文章切忌摆架子，打官腔。毛泽东同志曾经说过这样一段话："当着自己写文章的时候，不要老是想着'我多么高明'，而要采取和读者处于完全平等地位的态度……你的架子摆得越大，人家越是不理你那一套，你的文章人家就越不爱看。"谦虚、诚恳的态度是要通过文章中的语言表现出来的。一般说来，即使你的理由很充分，结论很有把握，也应当多用研究和商讨的口吻去说，防止主观武断，不要教训人、吓唬人。

此外，还要做好工作研究的修改。修改内容主要是主题思想、大小观点、素材选用、段落结构、语言使用、标点符号。修改的具体办法：

一是回头看。自己在完成文章初稿后马上反复修改，或搁置文稿几天，冷却、思考、咀嚼、回味后再改。尤其要看事实是否清楚，看论证是否充分，看格式是否正确。二是领导审。把文稿报审，请领导把关修改，或按照领导意见改。三是高手过。让写作高手过目，向高手讨教。四是大家议。找几个行家里手和权威人士，对文稿进行"集体会诊"，一块儿讨论修改。然后，反复校对后，送领导审阅。